Transformação de Conflitos

Série Da Reflexão à Ação

John Paul Lederach

Transformação de Conflitos

Tradução de
Tônia Van Acker

Palas Athena

Título original: The Little Book of Conflict Transformation
Copyright © 2012
Grafia segundo o Acordo Ortográfico da Língua Portuguesa de 1990.
que entrou em vigor no Brasil em 2009.

Coordenação editorial: Lia Diskin
Capa e projeto gráfico: Vera Rosenthal
Produção e Diagramação: Tony Rodrigues
Preparação de originais: Lidia Angela La Marck
Revisão: Lia Diskin

Dados Internacionais de Catalogação na Publicação (CIP)
(Câmara Brasileira do Livro, SP, Brasil)

Lederach, John Paul
Transformação de conflitos / Howard Zehr ; tradução de Tônia Van Acker.
- São Paulo : Palas Athena, 2012.

Título original: The Little Book of Conflict Transformation

1. Administração de conflitos 2. Conflito social 3. Solução de problemas
I. Título.

12-08101 CDD-303.69

Índices para catálogo sistemático:
1. Administração de conflitos : Sociologia 303.69

4ª edição, junho de 2022
Todos os direitos reservados e protegidos
pela Lei 9610 de 19 de fevereiro de 1998.
É proibida a reprodução total ou parcial, por quaisquer meios,
sem a autorização prévia, por escrito, da Editora.

Direitos adquiridos para a língua portuguesa por Palas Athena Editora
Alameda Lorena, 355 – Jardim Paulista
01424-001– São Paulo, SP – Brasil
Fone (11) 3050-6188
www.palasathena.org.br - editora@palasathena.org.br
@associacaopalasathena

Agradecimentos

Escrever um livro para esta coleção é mais difícil do que pode parecer. Muitas pessoas me ajudaram nessa empreitada. Gostaria de expressar minha gratidão a Howard Zehr, que criou o conceito desta série e me incentivou a participar. Principalmente, foi dele o primeiro empurrão que me auxiliou a transformar um texto abundante em palavras num outro, bem objetivo. Sou grato ao excelente trabalho de Phyllis Pellman Good, que o editou e o tornou mais claro. Sem seus conselhos e sugestões, não seria uma leitura tão fluente. Meus bons amigos do Consortium on Conflict Resolution da Universidade do Colorado, de modo especial Heidi e Guy Burgess, me ajudaram muito com os gráficos computadorizados. Merece registro a maravilhosa oportunidade de os originais terem sido lidos pelos meus alunos do mestrado do Kroc Institute (Notre Dame), turma de 2002-2003, quando passaram um dia inteiro de aula aprimorando e elucidando os conceitos. Suas ideias e sugestões pontuam toda a obra.

Gostaria de estender também meu efusivo agradecimento a John e Gina Martin-Smith por me emprestarem sua casa em Nederland, Colorado, onde vi os álamos verdes se tingirem de amarelo a 2 590 metros de altitude enquanto redigia esse texto.

Por fim, reconheço que não teria conseguido escrever sem o paciente apoio e estímulo da minha família, especialmente de Wendy, com quem partilhei muitos cafés enquanto discutia as ideias contidas aqui e a melhor maneira de apresentá-las.

CONTEÚDO

Prefácio de Cássio Filgueiras 11
1. TRANSFORMAÇÃO DE CONFLITOS? 15
2. A LENTE DA TRANSFORMAÇÃO DE CONFLITOS 19
3. DEFINIÇÃO DA TRANSFORMAÇÃO DE CONFLITOS 27
4. CONFLITO E MUDANÇA 37
5. LIGAR RESOLUÇÃO E TRANSFORMAÇÃO 43
6. CRIAR UM MAPA DO CONFLITO 49
7. ESTRUTURAS-PROCESSO COMO
   PLATAFORMAS PARA MUDANÇA 55
8. DESENVOLVER NOSSAS CAPACIDADES 63
9. APLICAR A ESTRUTURA 77
10. CONCLUSÕES 85

Notas 89

Leituras selecionadas 91

Outros livros de John Paul Lederach sobre o tema 93

PREFÁCIO

Nos últimos anos temos visto o amadurecimento de práticas de tratamento aos conflitos sociais que incluem a mediação como valioso aliado. Há alguns anos essas práticas vêm sendo testadas com sucesso no Brasil, e agora começamos a perceber os benefícios dessas abordagens e seus efeitos positivos nas histórias conflitivas das pessoas.

O pacificador John Paul Lederach apresenta nesta obra uma visão privilegiada do conflito, a teoria e os resultados de uma aplicação prática, adquirida ao longo de sua vida de militância pela cultura de paz.

Aqui, Lederach inicia seu trabalho reconhecendo que suas ideias foram influenciadas por uma visão religiosa anabatista menonita, que compreende a paz como um processo estritamente ligado à justiça.

Para ele, o conflito é o elemento propulsor de mudanças pessoais e sociais; isso significa visualizá-lo como catalisador do desenvolvimento humano. Ao invés de ver o conflito como ameaça, ele propõe entendê-lo como uma oportunidade para crescer e aumentar a compreensão sobre nós mesmos, sobre os outros e sobre nossa estrutura social.

Ao definir a transformação de conflito e distingui-la da resolução, Lederach expressa de forma simples e criativa as diferenças dessas abordagens e nos apresenta uma visão que amplia o espectro da solução do problema. A opção de utilizar apenas métodos negociais para a resolução rápida do conflito alivia a nossa dor e dá cabo dos problemas mais prementes, porém, em certos casos, a falta de uma abordagem transformativa inibe o amadurecimento de novas decisões, limita nosso poder de ação e diminui a capacidade de crescer com as dificuldades.

Enxergar o conflito com as amplas lentes da transformação expande nossa compreensão do processo, favorece a tomada de decisão, levando em conta os aspectos prementes e a possibilidade de construir algo novo, que nos satisfaça e se adapte melhor à nossa realidade.

O método da transformação intervém de forma a produzir abordagens que minimizem os efeitos disfuncionais da comunicação e valorizem a compreensão mútua, trabalhando o contexto e os padrões dos relacionamentos que geraram o problema. Isso nos torna conscientes de nossas capacidades e nos prepara positivamente para lidarmos melhor com os problemas futuros.

Ao se definir como um transformador de conflitos, Lederach não deixa de legitimar a resolução como solução rápida e definitiva para problemas nos quais os relacionamentos não estão envolvidos. Nestes casos, em que as relações passadas e futuras estão presentes, fica evidente a necessidade de uma abordagem mais ampla.

Através da aplicação da metodologia de transformação dos conflitos, permitimos a observação do resultado das nossas ações e de como elas são percebidas pelos outros e em que medida precisamos reposicioná-las para criarmos um ambiente mais cooperativo e pacífico.

Ao concluir, Lederach insiste que a abordagem resolutiva do conflito tem seu lugar, desde que não haja relação

PREFÁCIO

continuada nem necessidade de se manter os vínculos. E o mediador deve pesar e escolher a abordagem a ser utilizada em cada conflito. Optando-se pela transformação, opta-se pelo aprofundamento da análise da questão, rumo ao epicentro do problema, trabalhando questões pessoais, estruturais e os padrões que geraram esse conflito. Que a postura de respeito e cooperação concebida por Lederach e compartilhada por tantos profissionais e comunidades propague-se no ambiente social através das necessárias mudanças transformativas de padrões, apontando para o aumento da capacidade de diálogo, da escuta efetiva, permitindo o acolhimento das reações sensíveis e de todas as soluções criativas, não violentas, tão importantes neste mundo repleto de oposição de valores e interesses.

Cássio Filgueiras
Mediador de Conflitos

1
Transformação de Conflitos?

*R*esolução de conflitos... *gerenciamento* de conflitos... mas, *transformação* de conflitos? Comecei a utilizar a expressão "transformação de conflitos" nos anos 80 quando, em função de minha prolongada e intensa experiência na América Central, fui levado a reexaminar a linguagem desse campo de atuação. Quando lá cheguei, meu vocabulário estava repleto da terminologia corrente para os profissionais de resolução e gerenciamento de conflitos. Mas logo percebi que os colegas de origem latina tinham dúvidas, suspeitas até, em relação ao significado desses conceitos. Para eles o termo "resolução" insinuava o perigo de cooptação, uma tentativa de se livrar do conflito enquanto as pessoas ainda estavam levantando questões importantes e legítimas a respeito do mesmo. A palavra "resolução" não deixava claro se haveria espaço para cada um defender a sua posição. Na experiência deles, as soluções rápidas para problemas sociopolíticos arraigados, em geral, levam a muito discurso e poucas mudanças concretas. "Os conflitos acontecem por um motivo", eles me diziam. "Será que essa tal 'resolução' não é só uma ideia que vai preencher o lugar que deveria ser ocupado por mudanças realmente necessárias?".

Suas preocupações eram coerentes com minha própria experiência e visão. Meu sentido vocacional mais profundo e também a estrutura que dá forma a boa parte deste livro surgiram de um contexto de fé, que se alicerça num arcabouço ético-religioso anabaptista menonita. Segundo esta perspectiva, entende-se que a paz está fundada na justiça. Ela enfatiza a importância de construir relacionamentos e estruturas sociais corretos, incluindo o respeito radical aos direitos humanos e à vida, e advoga a não violência como modo de vida e trabalho. E, assim, as preocupações de meus colegas latinos caíram em terra fértil. No decorrer do meu trabalho, ajudando a buscar reações construtivas aos violentos conflitos na América Central e alhures, fui me convencendo cada vez mais de que boa parte dessa tarefa consistia em procurar maneiras de promover mudanças construtivas. Portanto, "transformação de conflitos" parecia expressar melhor esse significado do que os termos "resolução" ou "gerenciamento" de conflitos.

> O conflito é normal nos relacionamentos humanos e ele é o motor de mudanças.

Nos anos 90, quando participei da fundação do Programa de Transformação de Conflitos da Eastern Mennonite University (EMU), discutimos de modo exaustivo os títulos e termos a serem adotados. "Resolução" era mais conhecido e aceito pelos círculos acadêmicos e políticos dominantes. "Transformação" parecia muito carregado de sentido axiológico para alguns, muito idealista para outros, e muito utópico e "nova era" para outros ainda. No final, ficamos com o termo "transformação". Entendemos que era acurado, cientificamente correto e que passava uma imagem clara.

Considero "transformação de conflitos" uma expressão precisa porque estou engajado em esforços de mudança construtiva que incluem e vão além da resolução de problemas específicos e pontuais. Trata-se de uma linguagem correta do ponto de vista científico porque se baseia em duas realidades verificáveis: o conflito é algo normal nos relacionamentos humanos, e o conflito é um motor de mudanças. A palavra "transformação" oferece uma imagem clara e importante, pois dirige nosso olhar para o horizonte em direção ao qual estamos caminhando: a construção de relacionamentos e comunidades saudáveis, tanto local como globalmente. Um objetivo assim demanda mudanças verdadeiras no modo como nos relacionamos hoje.

Mas fica a questão: qual é, de fato, o significado de "transformação"?

Na última década a palavra "transformação" vem se tornando cada vez mais comum, tanto para os profissionais como no meio acadêmico. Há abordagens transformativas no campo da mediação e também na área mais ampla da disciplina de Estudos da Paz e dos Conflitos. Aliás, hoje leciono em dois cursos de graduação que empregam essa terminologia – no Joan B. Kroc Institute for International Peace Studies da Notre Dame e no Conflict Transformation Program da Eastern Mennonite University. Apesar disso, a transformação de conflitos ainda não se tornou uma escola de pensamento. Acredito que a transformação de conflitos constitui uma estrutura ou orientação abrangente que, por fim, exigirá de nós uma mudança fundamental em nosso modo de pensar.

O texto que se segue é retrato da minha compreensão dessa estrutura, compreensão esta baseada em leituras, na aplicação prática que fiz em campo e na minha experiência de ensino ao longo dos últimos 15 anos. Este livro não é expressão de uma posição imutável, já que minha compreensão evolui constantemente, movida por experiências práticas e pedagógicas.

Aliás, meu entendimento dessa questão corre em paralelo e converge com a obra de outros autores, embora não seja possível explorar todas essas ligações aqui. Quero deixar claro que não considero a minha visão particular da transformação como sendo superior à visão daqueles que usam outra terminologia ou que preferem a palavra "resolução". Neste texto pretendo articular a tensão criativa entre os termos "resolução" e "transformação" para aguçar nossa compreensão, e não para desqualificar a obra daqueles que preferem outra nomenclatura.

Meu objetivo é somar uma voz ao diálogo que vem sendo mantido em torno do tema para buscar uma melhor compreensão dos relacionamentos humanos.

A Lente da Transformação de Conflitos

No contexto do dia a dia, em geral vivenciamos o conflito como uma perturbação no fluxo natural dos relacionamentos. Notamos ou sentimos que algo não está bem. De repente começamos a prestar mais atenção a coisas que antes passavam despercebidas. O relacionamento fica complicado, em vez de suave e fácil como era antes.

Não aceitamos mais as coisas pelo que aparentam ser. Começamos a colocar tempo e energia na interpretação e reinterpretação do significado dessas coisas. Nossa comunicação fica difícil, exigindo um esforço intencional. Fica mais penoso ouvir o que os outros dizem – a não ser, é claro, que estejam de acordo conosco. Não é fácil entender quais são as intenções do outro.

Nossa própria fisiologia muda na medida em que nossos sentimentos vão do desconforto para a ansiedade chegando mesmo ao sofrimento. Numa situação assim, e na medida em que o conflito progride, com frequência sentimos cada vez mais urgência, o que leva a cada vez maior frustração, especialmente se não há uma solução à vista.

Se alguém que não está envolvido na situação nos pergunta: "Qual é o motivo do conflito?", manifestaremos nossas explicações no formato de uma "topografia" desse desentendimento, um mapa que descreve os picos e vales da discórdia. Os picos são aquilo que consideramos desafios importantes do conflito, em geral com ênfase no mais recente, aquele que estamos galgando no momento. Muitas vezes identificamos a montanha que estamos subindo como a questão ou questões principais a serem tratadas, o teor da desavença. Os vales são os fracassos, a inabilidade de negociar soluções adequadas. E a cordilheira como um todo – o quadro geral dos padrões relacionais – costuma se apresentar vaga e distante, tão difícil de ver em sua totalidade como uma cordilheira observada do pico específico que estamos escalando.

Esta metáfora do mapa topográfico do conflito ilustra nossa tendência de enxergá-lo colocando nosso foco nos problemas imediatos que se apresentam. Aplicamos nosso tempo e energia na diminuição da ansiedade e do sofrimento, procurando uma solução para os problemas prementes e deixamos de visualizar o mapa mais amplo do conflito propriamente dito.

O objetivo desta obra é examinar como a abordagem transformativa trata tais tendências, e em que essa abordagem se distingue da perspectiva da resolução ou gerenciamento de conflitos. Qual a meta da transformação de conflitos e o que ela vê como sendo a base a partir da qual se desenvolve uma reação construtiva ao conflito?

Como ponto de partida, vamos explorar as diferenças entre os termos "olhar" e "enxergar". Olhar é dirigir a atenção ou prestar atenção a algo. Na linguagem do dia a dia muitas vezes dizemos: "Olha isto!", "Olha aquilo!" – ou seja, olhar requer lentes que chamam a atenção e nos ajudam e estar atentos a algo. Por outro lado, enxergar é ver além e mais fundo. Enxergar é buscar compreensão e entendimento. Na linguagem corrente dizemos: "Será que você não enxerga o que está acontecendo!". A compreensão é o ato de criar significado, e o significado exige que tenhamos um foco mais nítido sobre alguma coisa.

> Transformação de conflitos é um modo de *olhar* e também *enxergar*.

A transformação de conflitos é mais do que um conjunto de técnicas específicas; é um modo de olhar e ao mesmo tempo enxergar. Tanto para olhar como para enxergar precisamos de lentes. Portanto, a transformação de conflitos sugere um conjunto de lentes pelas quais conseguiremos enxergar o conflito social.

Podemos imaginar essas lentes como um conjunto de óculos especiais. Pela primeira vez na vida estarei usando lentes trifocais; nesses meus óculos estão reunidas numa só três tipos de lentes. Cada qual tem sua função específica. Uma lente, ou parte da lente, ajuda a focalizar as coisas que estão a grande distância e que de outro modo ficariam borradas. A segunda região da lente mostra as coisas que estão a meia distância, como a tela do computador. A última, que seria a lente de leitura ou de aumento, me ajuda a ler um dicionário ou enfiar linha de pesca no anzol. Esta metáfora da lente ilustra as várias implicações da abordagem transformativa na compreensão dos conflitos.

Em primeiro lugar, se eu tentar usar a parte de leitura da lente para ver de longe, ela não me servirá de nada. Cada lente, ou região da lente, tem sua função, que é a de focalizar um determinado aspecto da realidade. Quando um dos aspectos ganha foco, os outros ficarão desfocados. Ao olhar por uma máquina fotográfica com lente teleobjetiva, ou ver no microscópio uma lâmina com bactérias, percebemos isto de modo bastante dramático: enquanto uma camada da realidade ganha foco, as outras o perdem. As partes da realidade que estão fora de foco continuam existindo, mas não estão claras.

Da mesma forma, as lentes que usamos para ver o conflito dão nitidez a certas camadas ou aspectos da realidade enquanto distorcem outras. Não podemos esperar que uma única lente faça mais do que sua função, nem podemos presumir que a imagem que ela focaliza seja o quadro todo.

Já que não existe uma lente única capaz de focalizar tudo, precisamos de várias lentes para enxergar diferentes aspectos de uma realidade complexa. Isto lembra o antigo ditado que diz: "Quando você só tem martelo, enxerga pregos em todo lugar". Não se pode esperar que uma única lente focalize todas as dimensões e implicações de um conflito.

Minhas três lentes estão reunidas numa só armação. Cada lente é diferente, mas todas devem se relacionar com as outras para que as várias dimensões da realidade apareçam juntas como um todo. Preciso de cada uma das lentes para ver partes específicas da realidade, e necessito que todas se relacionem para que possa ver o todo. Esta é a utilidade de encontrar lentes que focalizem nitidamente aspectos específicos do conflito, mas que, ao mesmo tempo, possibilitem enxergar o quadro geral.

E o quadro geral é mais ou menos como um mapa: ele nos ajuda a ver um amplo conjunto de elementos situados em posições diferentes e a identificar a relação entre tais elementos. Neste livro sugiro três lentes que colaboram para criar um mapa do todo. Em primeiro lugar, precisamos de uma lente para ver a *situação imediata*. Em segundo, de uma que veja além dos problemas prementes e que leve nosso olhar na direção dos *padrões* mais profundos de relacionamento, inclusive o contexto no qual o conflito se expressa. Em terceiro, é preciso uma *estrutura* conceitual que reúna estas perspectivas, uma estrutura que nos permita ligar os problemas imediatos com os padrões de relacionamento subjacentes. Tal estrutura poderá oferecer uma compreensão geral do conflito e, ao mesmo tempo, criar uma plataforma para tratar as questões imediatas e também os padrões de relacionamento subjacentes.

> As lentes da transformação de conflito mostram:
> - A situação imediata
> - Os padrões subjacentes e o contexto
> - Uma estrutura conceitual

Darei um exemplo disso. Em casa, minha família muitas vezes tem acaloradas discussões sobre tarefas domésticas, por exemplo, sobre lavar a louça. Conseguimos armar uma tremenda briga, aparentemente do nada, por causa de coisas muito mundanas. O conflito se centra em algo bem concreto e específico: a pilha de louça suja na pia. No entanto, a energia que aplicamos ao conflito sugere que algo mais profundo está em jogo. De fato, trata-se de muito mais do que simplesmente decidir quem vai lavar a louça. Na verdade, estamos negociando a natureza e qualidade dos nossos relacionamentos, o que esperamos dos outros, a interpretação de nossa identidade como indivíduos e, enquanto família, nosso senso de valor próprio e cuidado dos outros, e a natureza do poder e tomada de decisões em nossos relacionamentos. Tudo isso bem ali, no monte de louça suja.

Essas preocupações estão implícitas nas perguntas que fazemos: "Quem vai lavar a louça hoje à noite?", "Quem lavou ontem?", "Quem vai lavar amanhã?". Ou seja, a questão não é simplesmente a louça suja. A louça detona a briga porque revela algo sobre nosso relacionamento – se somos capazes de enxergar além e por trás da louça e ver os padrões e problemas subjacentes ou não resolvidos.

Seria muito simples responder à pergunta: "Quem vai lavar a louça hoje?". Bastaria alguém responder e o problema estaria resolvido. Muitas vezes, na falta de tempo e de interesse em ir mais fundo, é exatamente isso que acontece: encontramos uma solução rápida para o caso. No entanto, esta solução rápida não sonda o significado profundo do que está acontecendo com nossos relacionamentos e em nossa família. E se esse nível mais profundo não for tratado, acumula-se uma energia que surge com força total no próximo monte de louça suja, roupa para passar, ou sapatos que teimam em ficar estacionados no meio da sala.

A lente de transformação de conflitos sugere que olhemos além da louça a fim de enxergar o contexto dos relacionamentos embrenhados na situação, para depois voltar a olhar para a tal louça suja. Sem se satisfazer com uma solução rápida que parece resolver a questão mais premente, a transformação busca criar uma estrutura capaz de tratar do *conteúdo,* do *contexto* e da *estrutura* do relacionamento. A transformação, enquanto abordagem, aspira à criação de processos construtivos de mudança usando o próprio conflito como meio para chegar lá. Processos desse tipo oferecem a oportunidade de aprender sobre padrões e abordar estruturas de relacionamento, ao mesmo tempo levando a soluções concretas para questões urgentes. Este é um exemplo engraçado? Sim, se nosso foco recair na louça em si. E não, se a louça for vista como uma janela para enxergar a vida, o crescimento, os relacionamentos e o entendimento.

> A estrutura aborda:
> - O conteúdo
> - O contexto
> - A arquitetura do relacionamento

Como criar essas lentes? Começaremos por definir mais claramente o que queremos dizer pela expressão "transformação de conflitos". Examinaremos como esta abordagem vê o conflito e a mudança. Então voltaremos para a tarefa mais pragmática de como desenvolver e aplicar uma estrutura transformativa ao conflito social.

3
Definição da Transformação de Conflitos

Proponho a seguinte definição:

Transformação de conflitos é *visualizar e reagir às enchentes e vazantes do conflito social* como *oportunidades vivificantes* de criar *processos de mudança construtivos,* que *reduzam a violência* e *aumentem a justiça* nas *interações diretas* e nas *estruturas sociais,* e que respondam aos *problemas da vida real dos relacionamentos humanos.*

O significado e implicações desta definição serão mais bem compreendidos se analisarmos os componentes em itálico. Imaginem a transformação de conflitos como uma pessoa fazendo uma viagem. Esta pessoa tem cabeça, coração, mãos e pernas.

Cabeça

A cabeça são as nossas visões conceituais do conflito – como pensamos o conflito e, portanto, como nos preparamos para abordá-lo. Na cabeça encontramos as atitudes, percepções e orientações que aplicamos à transformação de conflitos. Nossa definição usa os termos "visualizar" e "reagir".

"Visualizar" é um verbo, algo ativo. Para visualizar é preciso uma perspectiva e uma atitude intencional; a vontade de criar e nutrir um horizonte que ofereça direção e propósito. A perspectiva transformativa se constrói sobre dois fundamentos:

- *Capacidade de visualizar* o conflito positivamente, como um fenômeno natural que cria potencial para crescimento construtivo, e
- *Vontade de reagir* de modo a maximizar esse potencial para mudanças positivas.

> A abordagem transformativa reconhece que o conflito é a dinâmica normal e contínua dos relacionamentos humanos.

A abordagem transformativa reconhece que o conflito é a dinâmica normal e contínua dos relacionamentos humanos. Além disso, o conflito traz consigo um potencial para mudanças construtivas. É claro que as mudanças nem sempre são construtivas. Sabemos bem que muitas vezes os conflitos resultam em ciclos de sofrimento e destruição que se estendem por longo tempo. Mas a chave para a transformação é manter um viés proativo e visualizar o conflito como um potencial catalisador de crescimento.

"Reagir" sugere que a visão deve levar a uma ação, aproveitando a oportunidade oferecida pelo conflito. O significado desse vocábulo pende para o envolvimento. A palavra "reagir" reconhece que a compreensão mais profunda surge de um processo de aprendizado com as experiências da vida real. Os dois fundamentos – *visualizar e reagir* – denotam um certo grau de trabalho "na cabeça". Representam a forma como pensamos e nos orientamos ao abordar os conflitos da vida, dos nossos relacionamentos e da nossa comunidade.

Enchentes e vazantes – Muitas vezes encaramos o conflito em termos de seu crescimento e diminuição, sua escalada e arrefecimento, seus picos e vales. De fato, em geral focalizamos um determinado pico ou vale, uma repetição ou iteração específica de episódios do conflito. Na perspectiva da transformação, ao invés de olhar apenas para um único pico ou vale, deve-se ver toda a cordilheira.

Talvez nesse momento seja útil transformar nossa metáfora para uma menos estática. Ao invés de focalizar de modo estreito uma única onda que se eleva e quebra na praia, a transformação de conflitos começa por desvendar os grandes padrões, as enchentes e as vazantes de energias, épocas e mesmo estações, presentes no grande mar dos relacionamentos.

O oceano como metáfora sugere a existência de ritmos e padrões para os movimentos de nossa vida relacional. Às vezes seu movimento é previsível, calmo e até reconfortante. Mas periodicamente alguns eventos, as estações e o clima contribuem para criar grandes mudanças que afetam tudo à sua volta.

A abordagem transformativa busca compreender o episódio conflituoso isolado dentro de seu contexto como algo pertencente a um padrão muito maior. A mudança é entendida como algo presente tanto no nível imediato das questões prementes, quanto no âmbito dos padrões e questões mais amplos. O oceano está em constante movimento, é fluido e dinâmico. Ao mesmo tempo, tem forma e contornos e pode assumir uma monumental força de propósito.

Coração

O coração é o centro da vida e do corpo humano. Do ponto de vista físico ele gera o pulso que sustém a vida. Figurativamente ele é o centro das emoções, intuições e da dimensão espiritual. É o lugar de onde partimos e para o qual voltamos a fim de encontrar orientação, sustento e norte. O coração oferece um ponto de partida e de chegada. Duas concepções são responsáveis por formar esse centro de transformação de conflitos.

A primeira, os *relacionamentos humanos* – Biólogos e físicos afirmam que a vida em si está muito menos na substância física das coisas do que nas ligações e relacionamentos entre tais substâncias, ligações estas que são menos visíveis. Da mesma forma, na transformação de conflitos os relacionamentos são uma parte vital. Como o coração do nosso corpo, os conflitos fluem a partir do coração e para ele retornam.

Os relacionamentos apresentam dimensões visíveis, mas também aspectos menos visíveis. Para estimular o potencial positivo inerente ao conflito devemos nos concentrar nas facetas menos visíveis dos relacionamentos ao invés de focar exclusivamente o conteúdo ou substância do desentendimento, que em geral é bem mais visível. As questões que geram desavenças entre as pessoas são importantes e exigem soluções criativas. Mas os relacionamentos representam uma teia de conexões que configura o contexto mais amplo, são o ecossistema humano onde surgem e ganham vida as questões individuais.

Voltando por alguns instantes àquela metáfora do mar: se a onda individual representa o pico das questões visíveis na escalada do conflito social, os relacionamentos são as marés próprias do oceano. Os relacionamentos – visíveis e invisíveis, imediatos e de longo prazo – são o coração do processo de transformação.

A segunda, as *oportunidades vivificantes* – A palavra "vivificante" aplicada à situação de conflito remete a várias coisas. De um lado, a palavra sugere que a vida nos dá o conflito, e que o conflito é parte natural da experiência humana. De outro, subentende que o conflito cria vida, como o coração pulsante do corpo cria um fluxo sanguíneo rítmico que sustém a vida e o movimento.

> O conflito é uma oportunidade, um dom.

O conflito nasce da vida. Como ressaltei acima, ao invés de ver o conflito como ameaça, devemos entendê-lo como uma oportunidade para crescer e aumentar a compreensão sobre nós mesmos, os outros e nossa estrutura social. Os conflitos nos relacionamentos de todos os níveis são o modo que a vida encontrou para nos ajudar a parar, avaliar e prestar atenção. Uma forma de conhecer verdadeiramente nossa condição humana é reconhecer o dom que o conflito representa em nossa vida. Sem ele a vida apresentaria uma topografia monótona e plana marcada pela mesmice, e os relacionamentos seriam muito superficiais.

O conflito também gera vida: através do conflito nós reagimos, inovamos e mudamos. O conflito pode ser entendido como o motor da mudança, como aquilo que mantém os relacionamentos e as estruturas sociais honestas, vivas e dinamicamente sensíveis às necessidades, aspirações e ao crescimento do ser humano.

Mãos

Referimos-nos às nossas mãos como sendo a parte do corpo capaz de construir, tocar, sentir e também afetar a forma que as coisas assumem. As mãos nos aproximam da prática.

Quando dizemos "mãos à obra", isto significa que aí sim as coisas vão acontecer. Dois termos de nossa definição se destacam nessa conjuntura:

"Construtivo" – Esta palavra pode ter dois significados. Inicialmente, sua raiz é um verbo: construir, moldar, formar. Num segundo momento ela é um adjetivo que significa uma força positiva. A transformação abarca essas duas ideias. Procura compreender, e não negar nem evitar, a realidade de que o conflito social muitas vezes desenvolve padrões violentos e destrutivos. Incentiva maior compreensão dos padrões e estruturas relacionais subjacentes, ao mesmo tempo estimulando a construção de soluções criativas para melhorar os relacionamentos. Seu viés assinala que isto é possível, que o conflito é uma oportunidade.

"Processos de mudança" – Parte fundamental desta abordagem são os processos de mudança, que constituem o componente transformativo e o fundamento que permite que o conflito saia de seu estado destrutivo para tornar-se construtivo. Esse movimento só pode acontecer se forem cultivadas as capacidades de ver, compreender e reagir às questões que se apresentam no contexto dos relacionamentos e no processo de mudança em curso. Quais processos foram gerados pelo conflito em si? Como podem ser alterados? Ou como se pode iniciar um novo processo que leve o conflito numa direção construtiva? O foco no processo é vital para a transformação de conflitos.

A abordagem transformativa se concentra nos aspectos dinâmicos do conflito social. No centro desta abordagem convergem o contexto relacional, a visão de conflito como oportunidade e o incentivo a processos de mudança criativos. Tal abordagem inclui a visão episódica do conflito, mas sem ser movida por ela. O conflito é visto no contexto das marés dos relacionamentos. Como veremos mais adiante, a lente transformativa vê a geração de "plataformas" criativas como mecanismo capaz de dar conta de questões específicas, sem, no entanto, deixar de lado o trabalho de mudança dos padrões e estruturas sociais.

Pernas e Pés

As pernas e os pés representam aquilo que nos liga ao chão, lugar onde todas as nossas jornadas começam. Como as mãos, este é um lugar de ação, onde pensamento e coração se traduzem em reação, direção e impulso. A transformação de conflitos não passará de uma utopia se não for capaz de responder aos desafios, necessidades e fatos da vida real.

> Em vez de ver a paz como uma "condição final" estática, a transformação de conflitos a considera uma qualidade relacional em contínua evolução e desenvolvimento.

A visão transformativa abarca dois paradoxos à medida que a ação se desenrola e levanta as seguintes questões: Como abordar o conflito de modo a reduzir a violência e aumentar a justiça dos relacionamentos humanos? Como desenvolver a capacidade de interagir de modo construtivo, direto, presencial e, ao mesmo tempo, abordar mudanças sistêmicas e estruturais?

Reduzir a violência e aumentar a justiça – A transformação de conflitos vê a paz como centrada e enraizada na qualidade dos relacionamentos. Esses relacionamentos possuem duas dimensões: nossas interações presenciais e a forma como estruturamos os relacionamentos sociais, políticos, econômicos e culturais. Nesse sentido, a paz é o que as novas ciências [1] chamam de "uma estrutura-processo": um fenômeno que é dinâmico, adaptativo e transformativo, mas que ao mesmo tempo possui contornos, propósito e direção que lhe dão forma. Em vez de ver a paz como uma "condição final" estática, a transformação de conflitos a considera uma qualidade relacional em contínua evolução e desenvolvimento. O trabalho de paz, portanto, se caracteriza por esforços intencionais para tratar as marés do conflito humano através de abordagens não violentas, que cuidem das questões pendentes e aumentem a compreensão, igualdade e respeito nos relacionamentos.

Se quisermos reduzir a violência é preciso tratar das questões prementes e do contexto do episódio de conflito, mas também das causas e padrões subjacentes. Para tanto é preciso abordar questões relativas à justiça. Ao longo das atividades é necessário proceder de modo equitativo na direção de mudanças substantivas. As pessoas devem ter acesso e voz no que diz respeito a decisões que afetam suas vidas. Além disso, os padrões que geram injustiça devem ser abordados e modificados nos âmbitos relacional e estrutural.

Interações diretas e estruturas sociais – Como sugeri acima, precisamos desenvolver habilidades que nos permitam visualização e engajamento em processos de mudança nos vários níveis de relacionamento: interpessoal, intergrupal e socioestrutural. Um grupo de habilidades remete às interações diretas, presenciais. Outro grupo ressalta a necessidade de ver, de procurar e de criar mudanças no modo como organizamos as estruturas sociais, desde a família até as complexas burocracias – do nível local ao global.

A transformação de conflitos sugere que o diálogo é um modo fundamental de promover mudanças construtivas em todos os níveis. O diálogo é essencial para a justiça e a paz, tanto no nível interpessoal quanto no estrutural. O diálogo é sem dúvida um mecanismo essencial, embora não seja o único. Em geral pensamos no diálogo como uma interação direta entre pessoas ou grupos. A transformação de conflitos partilha dessa noção. Muitos dos mecanismos com base em habilidades utilizados por nós para reduzir a violência estão fundados na capacidade de comunicação para trocar ideias, encontrar definições comuns para as questões e buscar caminhos que levem a soluções. Como dissemos:

> Transformação de conflitos é visualizar e reagir às enchentes e vazantes do conflito social como oportunidades vivificantes de criar processos de mudança construtivos, que reduzam a violência e aumentem a justiça nas interações diretas e nas estruturas sociais, e que respondam aos problemas da vida real dos relacionamentos humanos.

No entanto, a visão transformativa acredita que o diálogo é necessário tanto para criar como para tratar as esferas sociais e públicas onde são construídas as instituições, as estruturas e os padrões de relacionamento humanos. Devem ser inventados processos e espaços onde as pessoas possam abordar e moldar as estruturas que ordenam sua vida comunitária, aqui definida de modo amplo. O diálogo é necessário para que se tenha acesso a, voz em, e interação construtiva com nosso modo de formalizar os relacionamentos e com a formação, reações e comportamento de nossas organizações e estruturas.

No fundo, a transformação de conflitos se concentra em criar respostas adaptativas aos conflitos humanos através de processos de mudança que aumentam a justiça e reduzem a violência.

4

CONFLITO E MUDANÇA

Os conflitos acontecem. Sua presença nos relacionamentos humanos é normal e perene. E mudanças também são inevitáveis. Nem a comunidade nem os relacionamentos humanos são estáticos, eles são sempre dinâmicos, adaptativos, mutáveis.

O conflito impacta as situações e modifica as coisas de variadas maneiras. É possível analisar essas mudanças em quatro grandes categorias: pessoal, relacional, estrutural e cultural.

> O conflito nos impacta de modo
> pessoal,
> relacional,
> estrutural e
> cultural.

É possível também pensar nessas mudanças como resposta a duas questões:

- *Que mudanças estão acontecendo como resultado do conflito?* Por exemplo: quais são os padrões e os efeitos do conflito?
- *Que mudanças queremos?* Para responder a esta questão, precisamos nos perguntar quais são nossos valores e intenções.

Com estas duas questões em mente, consideraremos aquelas quatro áreas de impacto mencionadas acima.

O aspecto *pessoal* do conflito diz respeito às mudanças que acontecem no indivíduo e àquelas que se desejaram para ele. Isto envolve a pessoa como um todo, inclusive suas dimensões cognitiva, emocional, perceptiva e espiritual. De uma perspectiva descritiva, a transformação nos faz lembrar que, como indivíduos, somos afetados por conflitos de modo negativo e também de modo positivo. O conflito atinge o bem-estar físico, a autoestima, a estabilidade emocional, a capacidade de percepção clara e a integridade espiritual.

> A mudança deve ser vista do ponto de vista descritivo e prescritivo.

Do ponto de vista prescritivo, a transformação representa uma intervenção proposital a fim de minimizar os efeitos destrutivos do conflito social e maximizar seu potencial de fazer crescer a pessoa enquanto ser humano individual, nos níveis físico, emocional e espiritual.

A dimensão *relacional* representa mudanças nos relacionamentos face a face. Nessa esfera se incluem a afetividade, o poder e a interdependência relacional, e também os aspectos de expressão, comunicação e interatividade do conflito.

Do ponto de vista descritivo, a abordagem transformativa se interessa pelo modo como os *padrões* de comunicação e interação são afetados pelo conflito. Fixa seu olhar para além da tensão em torno das questões visíveis a fim de enxergar as mudanças subjacentes provocadas pelo conflito, incluindo os padrões de percepção das pessoas, seus desejos, suas metas e a forma como estruturam seus relacionamentos interpessoais, intergrupais e intragrupais. O conflito muda os relacionamentos. Traz para um nível mais explícito questões como: Que grau de proximidade ou distância as pessoas querem nos relacionamentos? Como irão usar, construir e partilhar o poder? Como percebem a si mesmas, aos outros e suas expectativas? Quais as suas esperanças e medos em relação à vida e aos relacionamentos, seus padrões de comunicação e interação?

Do ponto de vista prescritivo, usar o método da transformação representa intervir intencionalmente para minimizar comunicações disfuncionais e maximizar a compreensão mútua. Isto inclui a tentativa de explicitamente fazer aflorar os medos, esperanças e metas relacionais das pessoas envolvidas.

A dimensão *estrutural* salienta as causas subjacentes do conflito e os padrões e mudanças que esta provoca nas estruturas sociais, políticas e econômicas. Este aspecto centra sua atenção no modo como estruturas, organizações e instituições sociais são construídas, mantidas e modificadas pelo conflito. Diz respeito ao modo como as pessoas constroem e organizam os relacionamentos sociais, econômicos, políticos e institucionais a fim de atender às necessidades humanas básicas, oferecer acesso a recursos e tomar decisões que afetam grupos, comunidades e sociedades inteiras.

Transformação, no nível descritivo, envolve a análise das condições sociais que fazem surgir o conflito, e abarca também o modo como o conflito afeta a mudança das estruturas sociais existentes e seu padrão de tomada de decisões.

No nível prescritivo, a transformação significa intervir deliberadamente a fim de compreender as causas e condições sociais subjacentes que criam e alimentam a expressão violenta do conflito. Além disso, promove abertamente meios não violentos de redução das interações de antagonismo e busca minimizar e, por fim, eliminar a violência. Nisto se incluem as campanhas não violentas em prol de mudanças. O esforço na busca de mudanças promove o desenvolvimento de estruturas que atendem às necessidades humanas básicas (justiça substantiva), enquanto maximizam o envolvimento das pessoas nas decisões que as afetam (justiça procedimental).

A dimensão *cultural* diz respeito a mudanças produzidas pelo conflito nos padrões mais amplos da vida grupal, inclusive sua identidade e o modo como a cultura afeta os padrões de reação e do conflito.

No nível descritivo a transformação procura compreender como o conflito impacta e muda os padrões culturais de um grupo, e como esses padrões acumulados e partilhados afetam a forma como as pessoas, num dado contexto, entendem e reagem ao conflito.

Do ponto de vista prescritivo, a transformação procura ajudar os envolvidos na disputa a compreender os padrões culturais que contribuem para o conflito naquele contexto e, num segundo momento, a identificar, promover e construir, a partir dos recursos e mecanismos daquela mesma cultura, uma reação construtiva para lidar com o conflito.

Portanto, enquanto estrutura analítica, a transformação busca compreender o conflito social que emerge de mudanças e que produz alterações nas dimensões pessoal, relacional, estrutural e cultural da experiência humana. Como estratégia de intervenção, a transformação atua para promover processos construtivos dentro da seguinte gama de metas orientadas para a mudança:

Objetivos de Mudança da Transformação de Conflitos

Pessoal

- Minimizar os efeitos destrutivos do conflito social e maximizar o potencial de crescimento e bem-estar da pessoa enquanto ser humano individual nos níveis físico, emocional, intelectual e espiritual.

Relacional

- Minimizar a comunicação disfuncional e maximizar o entendimento.
- Trazer à tona e trabalhar os medos e esperanças em relação às emoções e à interdependência no relacionamento.

Estrutural

- Compreender e tratar as causas subjacentes e condições sociais que dão origem à expressão violenta ou nociva do conflito.
- Promover mecanismos não violentos que reduzam o confronto entre antagonistas e diminuam a violência, por fim eliminando-a.
- Fomentar o desenvolvimento de estruturas que atendam às necessidades humanas básicas (justiça substantiva) e maximizem a participação popular em decisões que afetam suas vidas (justiça procedimental).

Cultural

- Identificar e compreender os padrões culturais que contribuem para o aumento das expressões violentas do conflito.
- Identificar e construir, a partir de recursos e mecanismos do próprio contexto cultural, reações construtivas para lidar com o conflito.

5

LIGAR RESOLUÇÃO E TRANSFORMAÇÃO

Nos capítulos anteriores exploramos a transformação como uma perspectiva do conflito e da mudança. Mas como aplicar essas ideias? Ao passar para a prática, não podemos abandonar completamente o nível conceitual. É preciso antes desenvolver uma imagem do nosso propósito – criar um "quadro mais amplo" que nos oriente.

Em outras palavras, é preciso uma visão estratégica a fim de avaliar e desenvolver planos e respostas específicas ao conflito. Esse quadro mais amplo nos ajudará a enxergar nosso propósito e direção. Sem ele, facilmente nos veremos reagindo a uma miríade de problemas, crises e intensas ansiedades. Ou acabaremos agindo com grande sentido de urgência e sem compreensão clara do efeito que nossas reações produzirão. Talvez resolvamos um monte de problemas imediatos, mas sem necessariamente criar mudanças sociais construtivas de relevância.

Parte do trabalho de criar esse quadro mais amplo é identificar e analisar as metáforas que nos orientam. Vale a pena começar comparando as metáforas de resolução e transformação.

Já mencionei que a *transformação de conflitos* oferece uma perspectiva do conflito que difere daquela sugerida pela *resolução de conflitos*. Acredito ser esta uma reorientação tão fundamental que acaba por alterar o próprio modo como vemos e reagimos ao conflito social. Esta análise se faz necessária por causa de suas implicações práticas. Afastar-se da *resolução* e seguir na direção da *transformação* significa mudar ou expandir o conceito que nos orienta. Até agora, a linguagem da *resolução* vem oferecendo o arcabouço estrutural para todas as nossas interpretações e ações.

"Resolução de conflitos" é uma expressão bem conhecida e amplamente aceita, tanto entre profissionais como na comunidade científica. Tal expressão vem definindo esse campo de atuação por mais de meio século, e dentro dele há muitas abordagens, interpretações e definições, algumas das quais se aproximam daquilo que defino como perspectiva transformativa. Contudo, nesta discussão em particular não estou interessado na definição dos termos "resolução" e "transformação". Quero olhar para o significado ou para as implicações sugeridas pelas ideias que as palavras representam.

No seu nível mais básico, a linguagem da resolução nos fala de encontrar uma solução para um problema. Ela leva nosso pensamento na direção de pôr fim a um conjunto de eventos ou questões, em geral percebidos como muito dolorosos. Quando juntamos o prefixo "re" à palavra "solução", forma-se na linguagem uma qualidade definitiva e final. Estamos buscando uma conclusão. A pergunta que orienta a *resolução* é a seguinte: Como pôr fim a algo que não desejamos?

A transformação nos remete à mudança, ao modo como as coisas passam de uma forma para outra diferente. O processo de mudança é fundamental a esta terminologia balizadora. Quando juntamos "trans" e "forma", naturalmente passamos a contemplar tanto a situação atual como uma situação nova.

A pergunta balizadora da transformação é esta: Como terminar algo que não desejamos e construir algo que desejamos? A resolução em geral focaliza nossa atenção sobre os problemas que se apresentam. Dada sua ênfase nas soluções imediatas, ela tende a se concentrar nos fatos e conteúdo do problema. Isto pode explicar a predominância de literatura versando sobre técnicas de negociação dentro do campo da resolução de conflitos – livros que estão à venda na banca do aeroporto e também nas renomadas instituições de pesquisa.

Para resumir, a resolução é centrada no conteúdo.

> A pergunta balizadora da *transformação* é esta: Como terminar algo que não desejamos e construir algo que desejamos?

Por outro lado, a transformação, embora abarcando a preocupação com o conteúdo, foca sua atenção no *contexto* dos padrões de relacionamento. Vê o conflito como cravado na teia e no sistema dos padrões de relacionamento.

Podemos levar a comparação um passo adiante. Tanto a resolução como a transformação alegam ser orientadas para o processo. No entanto, para a resolução o processo se desenvolve a partir do foco imediato no relacionamento onde apareceram os sintomas da crise e a comoção. A transformação vê o problema que se apresenta como uma oportunidade de abordar o contexto mais amplo, de explorar e compreender o sistema de relacionamentos e de padrões que geraram a crise. Procura abordar tanto as questões mais imediatas como também os sistemas de modelos relacionais.

Para tanto, é preciso uma visão de longo prazo, que enxergue mais além das ansiedades provocadas pelas necessidades mais prementes. A transformação busca ativamente uma abordagem que seja sensível à crise, ao invés de uma abordagem *movida* pela crise. O impulso de resolver nos leva a oferecer no curto prazo um alívio para a dor e a ansiedade através da negociação de respostas aos problemas urgentes. Essas respostas podem ou não abordar o contexto e os padrões mais profundos dos relacionamentos que geraram o problema.

Por fim, cada uma dessas perspectivas tem uma visão de conflito que a caracteriza. A resolução tendeu a focalizar primariamente os métodos de desescalada do conflito. A transformação inclui tanto a desescalada do conflito e o envolvimento nele como, também, sua escalada em busca de uma mudança construtiva. Para que esta mudança construtiva aconteça, são necessários diversos papéis, funções e processos, alguns dos quais poderão colocar a céu aberto um conflito que estava velado.

Em resumo, a transformação inclui as contribuições e abordagens propostas pela linguagem baseada na resolução, mas sem estar presa a elas. Vai além do processo centrado na resolução de um problema em particular, ou *episódio* do conflito, a fim de buscar o *epicentro* do conflito.

Um *episódio* do conflito é a expressão visível de um conflito que está surgindo dentro do relacionamento ou sistema, em geral dentro de uma estrutura temporal definida. Ele gera atenção e energia em torno de um conjunto específico de questões que precisam ser tratadas. O *epicentro* do conflito é a teia de padrões relacionais, em geral reveladora do histórico dos episódios ocorridos, e de onde emergem novos episódios e demandas. Se o episódio libera energia conflitual para o relacionamento, o epicentro é o local onde a energia é produzida.

> A transformação aborda tanto o episódio quanto o epicentro do conflito.

O foco no epicentro nos oferece um conjunto central de perguntas. Qual é o quadro mais amplo de relacionamentos e padrões dentro do qual o problema surgiu? Quais os processos de mudança, possíveis e necessários, capazes de atender às questões mais prementes e também tratar o cenário mais amplo que gerou a crise? Que visão de longo prazo podemos construir a partir das sementes e do potencial presentes na crise em andamento?

A ideia de transformação oferece uma visão expandida do tempo. Situa as questões e as crises dentro de uma estrutura de relacionamentos e do contexto social. Cria uma lente para ver tanto as soluções como os processos de mudança em curso.

A chave para encontrar soluções criativas, segundo a transformação, está em projetar uma plataforma adaptável e sensível, capaz de sustentar mudanças construtivas; uma plataforma viabilizada pela crise e pelas questões que se apresentam. O episódio do conflito se torna uma oportunidade para abordar o epicentro do conflito.

Resolução de Conflitos e Transformação de Conflitos:
Breve Comparação de Perspectivas

	Perspectiva da Resolução de Conflitos	Perspectiva da Transformação de Conflitos
Pergunta-chave	Como terminar algo que não desejamos?	Como terminar algo destrutivo e construir algo desejado?
Foco	Centrado no conteúdo.	Centrado no relacionamento.
Propósito	Chegar a um acordo e uma solução para o problema premente que gerou a crise.	Promover processos de mudança construtiva, incluindo soluções imediatas, mas não se limitando a elas.
Desenvolvimento do processo	Inserido e construído na esfera imediata do relacionamento onde os sintomas de dissolução apareceram.	Vê o problema atual como oportunidade de resposta a sintomas, e envolvimento com sistemas, nos quais os relacionamentos estão inseridos.
Estrutura temporal	O horizonte é o alívio, a curto prazo, da dor, ansiedade e dificuldades.	O horizonte das mudanças está no médio e longo prazos, e o processo reage intencionalmente às crises ao invés de ser dirigido por elas.
Visão do conflito	Vê a necessidade de desescalada do processo conflitual.	Vê o conflito como uma ecologia provida de dinâmica relacional, com vazante (desescalada do conflito a fim de buscar mudanças construtivas) e enchente (escalada do conflito para buscar igualmente mudanças construtivas).

6

CRIAR UM MAPA DO CONFLITO

O "quadro mais amplo" da transformação de conflitos, como sugerimos no capítulo anterior, pode ser visto como um mapa ou diagrama (Figura 1). Ele compreende três elementos básicos e cada um deles representa um ponto de investigação no desenvolvimento da estratégia e na reação ao conflito. Iniciemos pelo primeiro ponto de investigação, a situação presente.

Investigação nº 1
A situação presente
A figura nº 1 representa a situação presente como um conjunto de esferas inseridas umas nas outras, que aparecem aqui como elipses. A esfera constitui uma metáfora útil porque nos ajuda a pensar em espaços de exploração, significado e ação. Diferente do círculo, a esfera tem limites um pouco mais vagos, como se vê da expressão "esferas de atividade". A esfera nos convida a entrar num espaço em constante evolução.

Aqui a esfera das questões imediatas está inserida na esfera dos padrões, que por sua vez se insere na esfera da história. Tal posicionamento nos lembra que as questões imediatas estão enraizadas num contexto, que é o dos padrões e estruturas de relacionamento, e todos fazem parte de uma história.

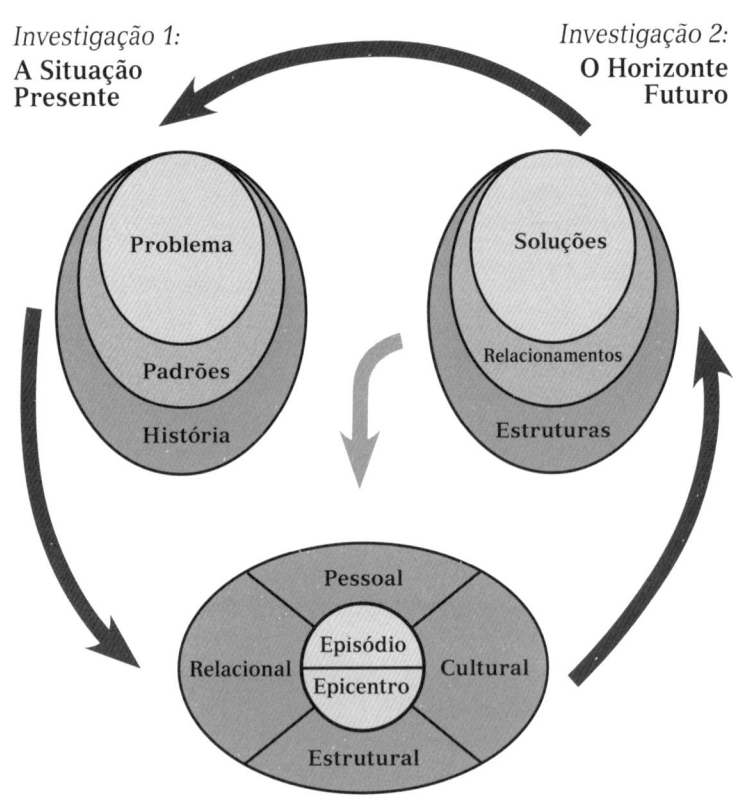

Figura 1. Quadro mais Amplo da Transformação de Conflitos

Investigação 1:
A Situação Presente

Investigação 2:
O Horizonte Futuro

- Problema
- Padrões
- História

- Soluções
- Relacionamentos
- Estruturas

- Pessoal
- Relacional
- Episódio / Epicentro
- Cultural
- Estrutural

Investigação 3:
O Desenvolvimento do Processo de Mudança

Um paradoxo-chave que marca os problemas prementes é a ligação entre o presente e o passado. O padrão de "como as coisas têm sido" oferece o contexto que faz emergir as questões de disputa imediatas. Os problemas imediatos criam a oportunidade de lembrar e reconhecer o passado, mas não têm, em si, o poder de modificar positivamente o que já aconteceu. O potencial para mudanças construtivas repousa em nossa habilidade de reconhecer, compreender e retificar o acontecido. A mudança construtiva requer uma vontade de criar novos modos de interação e de construir relacionamentos e estruturas que contemplem o futuro.

Mas, voltando à nossa definição, a proximidade das questões prementes e a energia liberada pelas pessoas que disputam essas questões determinam a expressão "episódica" do conflito. Ao passarmos das questões prementes para as esferas dos padrões históricos e relacionais, somos levados ao epicentro do conflito, que sempre pode gerar novos episódios sobre questões similares ou diferentes daquela de onde partimos. A transformação procura ver e compreender os dois: tanto o episódio quanto o epicentro. E isto nos leva a um outro nível de investigação: a investigação nº 3. Antes, porém, devemos examinar mais um conjunto de esferas inseridas umas nas outras: o horizonte futuro.

Investigação nº 2
O horizonte futuro

O segundo ponto de investigação nos ajuda a pensar sobre o horizonte futuro. A imagem de um horizonte se presta a imaginar o futuro. O horizonte pode ser visto, mas não pode ser tocado. Ele oferece orientação, mas exige que caminhemos em sua direção todos os dias. O futuro é algo que visualizamos, mas não podemos controlar.

Naquele nosso quadro mais amplo o futuro é representado por um conjunto de esferas que foram concebidas para sugerir um futuro aberto, dotado de dinâmica evolutiva. Inserido nessa esfera de envolvimento e exploração encontramos esferas menores – soluções imediatas, relacionamentos, estruturas

– que remetem a possíveis caminhos para lidar com as questões mais imediatas e prementes e também com os processos que abordam padrões estruturais e relacionais. A investigação do horizonte futuro faz emergir questões como: O que esperamos construir? Idealmente, o que gostaríamos de ver concretizado? Como tratar de todos os níveis: soluções imediatas e, ao mesmo tempo, padrões e estruturas de relacionamento subjacentes?

Se estes dois conjuntos de esferas de investigação (a situação presente e o horizonte futuro) fossem os únicos elementos do quadro mais amplo, poderíamos acabar com um modelo linear de mudança: um movimento indo da situação presente para o futuro desejado. Contudo, é importante visualizar o quadro geral como um círculo interligado. Vemos isto nas energias representadas pelas setas. As esferas da situação presente criam um impulso para fazer algo a respeito. São uma espécie de energia social que provoca um movimento na direção da mudança, representado pela seta que se move para a frente. Por outro lado, o horizonte futuro baliza o impulso que aponta na direção das possibilidades do que pode ser construído ou criado. O horizonte representa uma energia social que dá forma e cria uma orientação. Por isso, a seta aponta de volta para a situação presente e também à frente, para a gama de processos de mudança que poderão emergir. A combinação de setas constitui o círculo maior. Em outras palavras, nosso quadro mais amplo é um processo circular e também linear, ou aquilo que acima chamamos de estrutura-processo.

Investigação nº 3
O desenvolvimento do processo de mudança

Isto nos leva à terceira e mais complexa investigação: o planejamento e apoio aos processos de mudança. Novamente, é possível visualizar esse passo como uma esfera na qual se inserem vários componentes. A esfera maior exige que concebamos a reação ao conflito como o desenvolvimento de processos de mudança que atendam à teia de necessidades, relacionamentos e padrões interligados presentes nos quatro níveis: pessoal, relacional, cultural e estrutural.

Notem que utilizamos a palavra "processos" no plural. Para que existam processos de mudança é preciso que sejam mantidas, simultaneamente, múltiplas iniciativas interdependentes – que sejam diferentes, porém, compatíveis entre si.

> Essa abordagem vai além da negociação de soluções e lança os alicerces de algo novo.

A transformação nos compele a refletir sobre vários níveis e tipos de processo de mudança, ao invés de nos dedicarmos unicamente a uma solução operacional. Os processos de mudança envolvem tanto o conteúdo episódico do conflito quanto seus padrões subjacentes e contexto, ou epicentro. É preciso conceber múltiplos processos de mudança que tratem das soluções para os problemas imediatos e, *ao mesmo tempo*, processos que criem uma plataforma capaz de promover mudanças de longo prazo nos padrões relacionais e estruturais.

Em termos bem amplos, portanto, a estrutura transformativa se compõe de três investigações: a situação presente, o horizonte do futuro que se prefere e o desenvolvimento de processos de mudança que interliguem o presente e o futuro desejado. Esse movimento da situação atual em direção ao futuro desejado não é uma linha reta. Pelo contrário, representa um conjunto dinâmico de iniciativas que acionam processos de mudança e promovem estratégias transformativas de longo prazo, enquanto oferecem, também, respostas a necessidades específicas e imediatas. A transformação de conflitos enfrenta os seguintes desafios: Quais são as mudanças e soluções necessárias? Em que níveis? Em torno de que problemas? Inseridos em que relacionamentos? Uma estrutura transformativa salienta o desafio de como colocar *fim* a alguma coisa que não se deseja e como *construir* algo desejado. É importante lembrar que a abordagem transformativa liga as práticas resolutivas – que tradicionalmente buscam modos de pôr fim à iteração, ou repetição, de um conflito – a uma orientação transformativa, que atua construindo mudanças contínuas nos níveis relacional e estrutural. Por um lado, essa estrutura lida com os problemas prementes e com o conteúdo do conflito buscando soluções mutuamente aceitáveis para ambos – em geral processos que reduzem a violência e a escalada contínua do conflito. Por outro lado, vai além da negociação de soluções e lança os alicerces de algo novo. Isto requer a negociação de processos de mudança que surgem de uma compreensão ampliada dos padrões relacionais e do contexto histórico da disputa.

A transformação negocia tanto soluções quanto iniciativas de mudança social. Exige a capacidade de ver através e além dos problemas presentes para enxergar padrões mais profundos, enquanto busca respostas criativas que tratem dos problemas da vida real em tempo real. Contudo, para compreender melhor essa abordagem, é preciso entender muito claramente como as plataformas para mudanças construtivas são concebidas e desenvolvidas como estruturas-processo.

7

ESTRUTURAS-PROCESSO COMO PLATAFORMAS PARA MUDANÇA

Tendo sempre em mente nosso mapa ou diagrama conceitual, devemos agora refletir sobre o modo como a transformação atua de fato. Esse é o nosso maior desafio: desenvolver e sustentar uma plataforma, ou plano estratégico, capaz de gerar e adaptar um processo para mudanças desejadas em andamento e, ao mesmo tempo, responder criativamente às necessidades imediatas. Isto é viável se pensarmos essas plataformas como sendo estruturas-processo.

Dentro do campo das novas ciências, as estruturas-processo são descritas como fenômenos naturais, dinâmicos, adaptativos e mutáveis, mas que, ao mesmo tempo, mantêm forma e estrutura funcionais e reconhecíveis. Margaret Wheatley se refere a elas como "coisas que mantêm a forma ao longo do tempo sem apresentar rigidez estrutural". [2] Paradoxalmente, são também fenômenos a um só tempo circulares e lineares. Ao combinar as duas palavras "processo" e "estrutura" ligando-as com um hífen, enfatizamos a realidade de que, num único conceito, estão mescladas duas características interdependentes: adaptabilidade e propósito.

A transformação de conflitos vê o conflito e nossa reação a ele como sendo a fonte de um processo que tem aquelas duas características. A própria mudança passa uma sensação de estrutura-processo. Isso nos leva a examinar mais de perto a nossa compreensão sobre as diferenças entre círculos e linhas e a contribuição de cada um deles.

TANTO LINEAR COMO CIRCULAR

"Circular" é uma palavra que usamos para dizer que as coisas dão voltas. Às vezes o termo tem uma conotação negativa, como na expressão "pensamento circular". Mas a palavra tem, igualmente, conotações positivas. Em primeiro lugar, ela nos lembra que as coisas estão ligadas e relacionadas entre si. Em segundo, sugere que o crescimento de algo é nutrido por seu próprio processo e sua própria dinâmica. Em terceiro, e mais importante para nossa investigação, a circularidade indica que os processos de mudança não são unidirecionais. É vital manter isso presente em meio às vazantes e enchentes de nossos esforços para criar plataformas de reação construtiva ao conflito.

A circularidade sugere que é preciso pensar cuidadosamente sobre como as mudanças sociais de fato acontecem. Muitas vezes, vemos as mudanças pelo espelho retrovisor, observando o modo como algo saiu de um lugar e chegou ao outro. Mas quando estamos em meio à mudança, e quando olhamos para a frente em direção às coisas que podem ser feitas, o processo de mudança nunca parece claro nem ordenado. O círculo nos lembra que a mudança não tem um ritmo regular nem é unidirecional.

O CÍRCULO DE MUDANÇA

Podemos começar colocando o círculo no tempo cronológico (veja a Figura 2). Ao fazer isso, percebi que é útil prestar atenção à sensação que a mudança provoca, especialmente quando as pessoas envolvidas nutrem fortes sentimentos em relação a mudanças sociais, ou estão no meio de um conflito especialmente complexo. A Figura 2 registra quatro experiências comuns, cada uma bem diferente das outras, cada uma muito envolvida com as outras, cada uma parte do círculo da mudança.

Às vezes sentimos que as mudanças desejadas estão acontecendo, temos a sensação de progresso. As coisas vão indo na direção que queremos, ao encontro dos objetivos ou da aspiração que temos para nós mesmos e nossos relacionamentos.

Figura 2: A Mudança como um Círculo

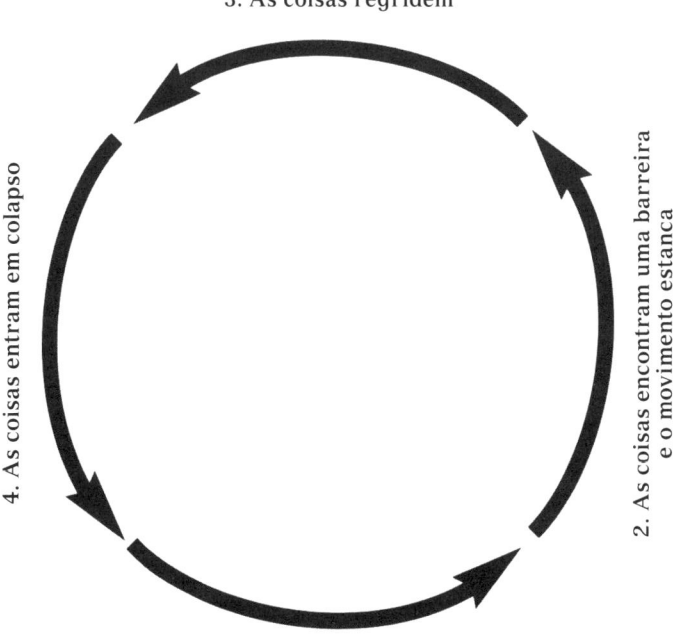

3. As coisas regridem

4. As coisas entram em colapso

2. As coisas encontram uma barreira e o movimento estanca

1. As coisas progridem

Em outros momentos, sentimos que alcançamos um impasse. Uma barreira se ergue bloqueando e estancando tudo. Depois existem momentos em que o processo de mudança parece andar para trás. Sentimos que as conquistas estão se desfazendo. Nesse momento ouvimos frases como: "Numa só tacada o trabalho de anos foi desfeito". É como "nadar contra a maré" ou "subir a corredeira". Tais metáforas sublinham a realidade da mudança (mesmo as mudanças positivas), em que estão incluídos períodos de retrocesso tanto quanto de progresso.

Há, ainda, períodos em que sentimos que houve um colapso total. Não vemos apenas regressão, parece que as coisas estão desmoronando como um prédio que cai. Nas marés do conflito e do trabalho de construção da paz, experimentamos esses períodos como terrivelmente deprimentes, e muitas vezes acompanhados pela observação: "Teremos que começar do zero".

Todas estas experiências, embora não na mesma ordem cronológica, são partes normais do círculo da mudança. Ao compreender a circularidade das mudanças podemos melhor compreender e articular suas fases. O círculo nos mostra que nenhum ponto isolado no tempo determina o padrão mais amplo. Pelo contrário. A mudança engloba diferentes conjuntos de padrões e direções como parte do todo.

O círculo oferece um alerta a cada passo. Progredir com muita rapidez não é mostra de grande sabedoria. O encontro de um obstáculo talvez seja uma intervenção benéfica por parte da realidade. Dar alguns passos para trás talvez permita a visualização de caminhos criativos para seguir adiante. E o colapso poderá criar a oportunidade de construir de modo totalmente novo.

A cada passo, o pensamento sobre o círculo oferece um apelo prático: Olhe. Veja. Adapte. Ele nos faz lembrar que, como a vida, a mudança nunca é estática. Esta é a parte circular de uma estrutura-processo dinâmica.

Por outro lado, a faceta linear das mudanças indica que as coisas partem de um ponto e chegam ao próximo. Para a matemática, a linha é o caminho mais curto entre dois pontos. É um caminho reto, sem voltas ou desvios. Costumamos associar a orientação linear com o pensamento racional, a compreensão puramente em termos de uma lógica de causa e efeito. Então, como podemos relacioná-la com as propriedades das mudanças que acabamos de descrever como sendo não unidirecionais e não lógicas em sentido estrito? Para reconhecer a natureza não linear da mudança, precisamos pensar na sua direção e propósito mais amplos. Esta é uma outra (e fundamental) maneira de ver a teia de padrões criada pelos diferentes fatores que se relacionam e movimentam para formar um todo.

A perspectiva linear sugere que as forças sociais se movem em direções amplas, nem sempre visíveis a olho nu, e raramente evidenciadas no curto prazo. A perspectiva linear nos convida a dar um passo para trás e contemplar a direção geral do conflito social e da mudança que buscamos, incluindo nessa perspectiva a história e o futuro. Mais especificamente, exige que olhemos os padrões formados pelos círculos, e não apenas a experiência imediata.

MUDANÇA E ESTRUTURA-PROCESSO

A Figura 3 mostra graficamente uma estrutura-processo bem simples. Esta figura reúne uma teia de círculos dinâmicos que criam um impulso e uma direção gerais. Alguns poderão chamar a isto de parafuso, uma espiral constituída de padrões multidirecionais internos que criam um movimento geral comum.

Figura 3: Estrutura-Processo Simples

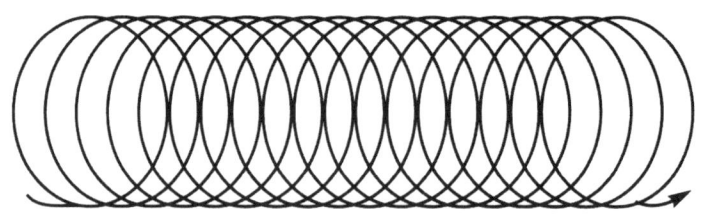

Dentro da comunidade científica, os inimigos do pensamento linear argumentam que a linearidade adota uma visão determinista da mudança, algo que desencoraja nossa habilidade de predizer e controlar os resultados. Embora este seja um alerta útil, não acredito que falta de controle e determinismo sejam incompatíveis com o propósito e a orientação. É necessário buscar um "norte", como dizem os povos de língua latina. É preciso explicitar como pensamos que a mudança acontece e em que direção ela vai indo. Este é o mérito da visão linear: ela exige que explicitemos o modo como pensamos que as coisas estão relacionadas, como o movimento foi criado, e em que direção geral as coisas estão fluindo. Em outras palavras, a abordagem linear nos força a expressar e testar nossas teorias de mudança que, muito frequentemente, jazem inexploradas e dormentes sob camadas de retórica e ações reativas iniciadas "no susto". O pensamento linear nos lembra que boas intenções não bastam. Como exatamente esta ação está trazendo mudança? O que está mudando e em que direção as coisas vão caminhando? O segredo para criar uma plataforma de transformação em meio ao conflito está em manter, ao mesmo tempo, uma dose saudável de cada uma dessas perspectivas: circular e linear.

PLATAFORMAS DE TRANSFORMAÇÃO

A abordagem transformativa exige a criação de uma base adaptativa perene no epicentro do conflito, ou seja, uma plataforma. A plataforma é como um trampolim-andaime: oferece uma base para ficar em pé ou para saltar. A plataforma inclui a compreensão dos vários níveis do conflito (o "quadro mais amplo"), os processos para tratar de problemas e conflitos imediatos, a visão de futuro e um plano com processos de mudança que levem nessa direção. Partindo de uma base assim, é possível gerar um processo que crie soluções para necessidades de curto prazo e, ao mesmo tempo, opere mudanças construtivas de longo prazo em sistemas e relacionamentos.

A Figura 4 representa tal ideia e adiciona à nossa estrutura-processo (Figura 3) as escaladas dos episódios de conflito, estando a plataforma na base de tudo. A espiral da estrutura--processo pode ser vista como o epicentro do conflito, e os picos ou ondas do conflito são os episódios. O movimento geral de altos e baixos do conflito e o processo de mudança oferecem uma base contínua a partir da qual podem ser gerados os processos. A escalada do conflito dá oportunidade para estabelecer e sustentar essa mesma base. Do ponto de vista transformativo, desenvolver um processo a fim de encontrar soluções para esses problemas e conflitos imediatos é importante, mas não fundamental. A longo prazo é mais importante gerar processos que: 1) ofereçam respostas adaptativas à repetição imediata e futura dos episódios de conflito e 2) abordem os padrões sistêmicos e relacionais de longo prazo mais profundos que produzem a expressão violenta e destrutiva dos conflitos.

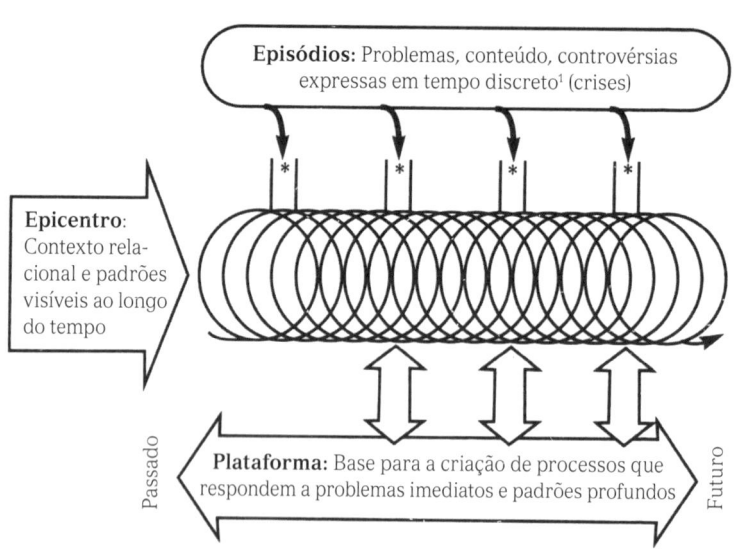

Figura 4: Plataforma Transformativa

Episódios: Problemas, conteúdo, controvérsias expressas em tempo discreto[1] (crises)

Epicentro: Contexto relacional e padrões visíveis ao longo do tempo

Passado

Plataforma: Base para a criação de processos que respondem a problemas imediatos e padrões profundos

Futuro

Uma plataforma transformativa de conflitos deve reagir aos problemas de curto prazo e manter uma estratégia de longo prazo. Deve ter a capacidade de gerar e regenerar processos de mudança que ofereçam respostas tanto aos episódios quanto ao contexto ou epicentro. Por causa de seu dinamismo e complexidade, a plataforma constitui uma estrutura-processo, e não apenas um processo ou unicamente uma estrutura. A plataforma transformativa deve ser adaptativa, pois compreende que o conflito e a mudança são constantes, com soluções específicas e formatos efêmeros.

A transformação de conflitos é uma jornada circular que tem um propósito. E para embarcar nessa viagem é preciso preparação.

---

1. N.T.: Da Matemática, diz-se de amostras tomadas em tempo não-linear (por exemplo, medições a cada 24 horas).

DESENVOLVER NOSSAS CAPACIDADES

Ao passar da reflexão conceitual sobre a transformação de conflitos para sua aplicação, percebi que é importante cultivar as seguintes disciplinas pessoais:

Prática nº 1
Desenvolver a capacidade de ver os problemas que se apresentam como janelas.

A abordagem transformativa requer o desenvolvimento da capacidade de ver a situação imediata sem ser seduzido, submergido, ou movido pelas exigências dos problemas prementes. Requer a habilidade de evitar a urgência que pressiona por uma solução rápida e as ansiedades que muitas vezes acompanham o sistema de relacionamentos da escalada do conflito.

Os pré-requisitos para esta prática demandam algumas disciplinas: 1) habilidade de olhar e ver além dos problemas imediatos; 2) empatia que permite compreender a situação do outro (pessoa ou grupo) sem ser tragado pelo redemoinho de suas ansiedades e temores e 3) capacidade de criar vias de reação que levem a sério os problemas prementes, mas não sejam movidas pela necessidade de soluções rápidas.

Como fazer isto? Um modo é encarar os problemas imediatos como se fossem uma janela. As janelas são importantes em si mas, depois de instaladas, dificilmente olhamos para elas mesmas. Olhamos através do vidro, focamos nossa atenção naquilo que está além da janela. Da mesma forma, na transformação de conflitos não focamos nossa atenção primária nos problemas em si para encontrar uma aparente solução rápida. Ao invés disso, olhamos para além do problema focalizando o cenário que está por trás da situação imediata. Para tanto, é preciso fazer uma distinção entre o conteúdo do conflito e o seu contexto.

Ao usar os problemas imediatos como janelas, estamos abordando o conflito através de duas lentes. Uma faz o foco na substância do conteúdo, a outra busca ver dentro e através do conteúdo para enxergar a natureza do contexto e dos padrões relacionais. Essa abordagem pede que façamos a distinção entre aquilo que alguns denominaram conteúdo sintomático de uma crise e processos emocionais subjacentes.[3]

Tal habilidade, de ver o conflito em si e também através dele, nos permite desenvolver um processo orientado para a mudança, capaz de reagir ao conteúdo imediato e também de abordar o contexto mais amplo que deu origem àquele.

Prática nº 2
Desenvolver a capacidade de integrar múltiplas estruturas temporais.

A capacidade de ver através da janela da situação imediata leva a uma segunda disciplina importante: a habilidade de pensar e agir sem se deixar prender pelos limites de uma visão temporal de curto prazo. Naturalmente, isto não significa que pensemos a longo prazo só para evitar e corrigir a miopia de trabalhar com uma mentalidade de crise.

Pelo contrário, significa criar estratégias que integrem a reação de curto prazo com a mudança de longo prazo. É preciso reagir no curto prazo e manter uma estratégia de longo prazo.

Essa abordagem requer processos dotados de várias estruturas temporais. É importante ser capaz de estar confortável com a multiplicidade de linhas do tempo.

Uma ferramenta que especificamente ajuda a desenvolver essa capacidade é a visualização do tempo como elemento ligado a necessidades específicas em diferentes níveis. Um processo de mudança sistêmico que aborde a cultura organizacional (por exemplo, o modo como os departamentos serão repensados e coordenados dentro da organização para refletir uma nova missão) precisa ser pensado como processo que levará vários anos. Mas, quem ficará encarregado de trabalhar aos sábados durante esse ano em que as discussões estão sendo realizadas? Esta é uma questão que precisa ser resolvida através de um processo imediato, de curto prazo, que gere soluções funcionais e claras para o problema específico.

Se as pessoas conseguem ver o que, quando e por quê as coisas estão acontecendo, se têm uma estrutura temporal visualizável que integre e esboce os tipos de processo e o tempo alocado para lidar com cada um deles, fica mais fácil compreender a ideia de resolver problemas imediatamente enquanto se promovem mudanças estratégicas de longo prazo.

O profissional orientado pelo método da transformação deve cultivar a capacidade de reconhecer que tipos de estrutura temporal serão necessárias a fim de levar a cabo os processos específicos para os tipos de mudança exigidos na situação.

Prática nº 3
Desenvolver a capacidade de colocar as energias do conflito como dilemas. Tenho a tendência de ligar duas ideias com a frase "e ao mesmo tempo". Este não é apenas um maneirismo do meu estilo de redação; tornou-se parte do meu modo de pensar e da minha formulação de perspectivas. Reflete meus esforços para mudar de uma estrutura de referência do tipo "ou isto ou aquilo" para uma do tipo "tanto isto como aquilo". É o que eu chamaria de "a arte e a disciplina de colocar conflitos como dilemas".

Tal abordagem surgiu inicialmente quando me vi diante de contextos de conflito violento e profundamente arraigado. Problemas muito difíceis exigiam atenção imediata e decisões. Essas decisões pareciam colocar diante de nós contradições flagrantes na visão das pessoas envolvidas e mesmo na nossa, os profissionais. Por exemplo, aqueles que trabalharam na Somália no início da década de 90 dentro das organizações de ajuda lutavam diariamente com decisões impossíveis em meio a uma guerra desastrosa, à seca e à fome. Nós nos víamos diante de dúvidas sobre onde colocar nossas energias e ações numa situação em que nenhuma das opções parecia adequada. Deveríamos mandar alimentos e medicamentos mesmo sabendo que grupos armados tiravam vantagem disso para dar continuidade à guerra, que era em si um dos motivos principais da necessidade de alimentos e medicamento? Ou deveríamos deixar de enviar a comida para não contribuir com a guerra e, em vez disso, trabalhar em iniciativas de paz sabendo que isto nos faria sentir impotentes diante de um drama humanitário de gigantescas proporções? Muitas e muitas vezes o modo como colocávamos estas questões limitou nossas estratégias.

Quando passamos a colocar as questões no formato "tanto/como", nosso pensamento se transformou. Aprendemos a reconhecer a legitimidade de metas e energias diferentes, mas não incompatíveis dentro do cenário do conflito. Ao invés de aceitar uma estrutura de referência que colocava nossa situação como a de alguém que escolhe entre energias excludentes, reformulamos a pergunta para incluir as duas energias ao mesmo tempo. Como capacitar para a paz nesse contexto e, *ao mesmo tempo*, criar mecanismos de resposta à necessidade de levar ajuda humanitária à população faminta? A própria formulação da questão cria a capacidade de reconhecer as energias subjacentes e desenvolver processos integrativos e respostas que mantenham a coesão entre os diferentes objetivos.

Ao abraçar dilemas e paradoxos surge a possibilidade de que, embora diante do conflito, não estejamos lidando com incompatibilidades irreconciliáveis. Podemos estar diante da tarefa de reconhecer e reagir a aspectos diferentes, porém interdependentes de uma situação complexa. Não se consegue lidar bem com a complexidade se concebermos nossas escolhas num esquema excludente e rígido do tipo "ou/ou". A complexidade exige de nós que desenvolvamos a habilidade de identificar as energias-chave da situação, mantendo-as ativas como *metas interdependentes*.

Uma fórmula simples nos permite entrar no mundo dos dilemas e paradoxos. Sua aplicação em tempo real e nas situações da vida cotidiana exige muita disciplina, repetição e criatividade. A fórmula é esta: Como tratar de "A" e ao mesmo tempo construir "B"?

A habilidade de considerar situações como dilemas e a capacidade de viver com contradições e paradoxos aparentes repousam no coração da transformação. A arte de formular dilemas cria um caminho simples para ver o quadro mais amplo e para nos levar em direção a ações específicas. Dilemas implicam em complexidade. E a visão acima leva à habilidade de viver com a complexidade e enxergar o seu valor. Além disso, nos força a resistir à pressão de resolver tudo racionalmente em pacotes simples e logicamente coerentes. E isto nos leva a outra capacidade que precisa ser cultivada.

Prática n° 4
Desenvolver a capacidade de fazer da complexidade uma amiga, e não uma inimiga.

As pessoas se sentem atoladas no conflito, especialmente quando existe uma longa história de padrões e episódios que não foram tratados de maneira construtiva. Elas costumam se expressar assim: "Tudo isso é uma bagunça. É complicado demais. Tem tantas coisas acontecendo que é difícil até tentar explicar". Estes são sinais e vozes indicando que a complexidade deu o ar de sua graça. O desafio para a transformação de conflitos é achar uma maneira de fazer da complexidade uma amiga ao invés de uma inimiga.

> A capacidade de viver com contradições e paradoxos aparentes repousa no coração da transformação.

Em épocas de escalada do conflito, a complexidade configura uma situação na qual nos vemos forçados a viver com múltiplas estruturas de referência concomitantes sobre o significado das coisas. Vemo-nos diante de inúmeros acontecimentos em múltiplos níveis, envolvendo vários grupos de pessoas, tudo ao mesmo tempo. A complexidade remete à multiplicidade e à simultaneidade. Por sua própria natureza a complexidade do conflito cria uma atmosfera de crescente ambiguidade e incerteza. As coisas não são claras. Sentimo-nos inseguros quanto ao significado de tudo o que está acontecendo, não sabemos aonde a coisa vai parar e temos a sensação de pouco ou nenhum controle sobre o que ocorre. Não admira que vejamos a complexidade como inimiga e criadora de dores de cabeça intermináveis. Não é de estranhar que muitas vezes cheguemos à conclusão de que o alívio virá pela simplificação dos problemas ou pela resolução das contradições.

Todos temos uma certa dose de tolerância à complexidade mas, por fim, chegamos a um ponto de saturação. Quando saturados, alguns lidam com a situação saindo de cena, indo embora. Outros ficam, mas tentam encontrar uma solução rápida ou um remendo que ponha fim à complexidade. Outros ainda tentam reduzir o seu impacto ignorando os múltiplos significados e facetas – contentam-se com uma única explicação para tudo o que vem acontecendo, e se aferram a ela de modo rígido e cego. Eis aí: a complexidade tornou-se uma inimiga.

Paradoxalmente, como observou Abraham Lincoln: "A única maneira de realmente se ver livre de um inimigo é transformá-lo em amigo". Embora a complexidade possa criar uma sensação de que há coisas demais a considerar, ela também oferece possibilidades inauditas de construir mudanças desejadas e edificantes. Uma das grandes vantagens da complexidade é que, nesse contexto, a mudança não fica atrelada apenas a uma coisa, uma ação, uma opção. De fato, a complexidade pode nos dar a sensação que a criança tem numa loja de doces: não existe a limitação de ter poucas opções – a limitação vem da nossa incapacidade de vivenciar toda a ampla gama de potenciais oferecidos pelas escolhas disponíveis.

O segredo para esta quarta prática é confiar e ser persistente, mas nunca com rigidez. Em primeiro lugar, devemos confiar na capacidade dos sistemas de gerar opções e vias para mudança e superação. Em segundo, devemos perseverar no sentido daquelas opões que oferecem as maiores perspectivas de mudança construtiva. Em terceiro, não devemos nos prender rigidamente a uma ideia ou caminho. Em geral a complexidade faz aflorar uma multiplicidade de opções. Se prestarmos cuidadosa atenção a essas opções, muitas vezes conseguiremos criar novas maneiras de olhar para antigos padrões.

Prática nº 5
Desenvolver a capacidade de ouvir
e engajar as vozes da identidade.

Venho repisando a ideia de que devemos procurar no epicentro do conflito para ver os padrões que se revelam no contexto subjacente à situação que se apresenta. Mas, o que exatamente devemos procurar ver e ouvir? Minha experiência tem confirmado que o mais essencial é ouvir e engajar as vozes da identidade, muitas vezes perdidas e lutando para serem ouvidas em meio ao ambiente cheio da estática ruidosa, algo característico do conflito. Minha experiência me mostrou que as questões de identidade estão na raiz da maioria dos conflitos. Portanto, a capacidade de compreender e respeitar o papel da identidade é essencial ao entendimento do epicentro do conflito.

As questões de identidade são fundamentais para a proteção de um sentido de sobrevivência individual e grupal, e ganham importância especial durante os conflitos. A identidade molda e move a expressão do conflito, quase sempre na forma de vivas exigências e intensas preferências em relação ao resultado das questões em disputa. Em seu nível mais profundo, a identidade reside nas narrativas de como as pessoas enxergam a si mesmas: quem são, de onde vieram, o que temem se tornar, o que temem perder. Portanto, a identidade está profundamente enraizada na percepção que a pessoa, ou grupo, tem de qual o seu relacionamento com os outros – e que efeito esse relacionamento tem sobre sua percepção como indivíduo ou grupo. As questões de identidade são fundamentais no conflito e, no entanto, raramente recebem tratamento explícito durante os mesmos.

A identidade não é um fenômeno rígido e estático. Pelo contrário. Ela é dinâmica e vai sendo constantemente definida e redefinida, especialmente em tempos de conflito. A identidade é mais bem compreendida num contexto relacional. Se não houvesse outra cor no mundo senão o azul, o azul não teria cor. Para reconhecer o azul, precisamos uma matriz de cores. É no relacionamento que o azul ganha identidade e sentido.

Eis um desafio para o processo transformativo: como criar espaços e processos que estimulem as pessoas a abordar e articular um senso de identidade positivo no relacionamento com outras pessoas e grupos ao invés de uma reação contrária a estes? Em meio ao conflito, quando as pessoas em geral estão sob o peso de muitos medos e incertezas, o desafio é baixar o nível de reatividade e culpa, ao mesmo tempo aumentando a capacidade de expressar um claro sentido de individualidade e espaço próprio.

Que disciplinas viabilizam esta prática?

Em primeiro lugar, precisamos desenvolver a capacidade de ver e ouvir a "identidade" quando ela aparece. Preste atenção à linguagem, às metáforas e expressões que sinalizam sofrimento identitário. Por vezes as pistas são sutis: "Cinco anos atrás nenhum professor dessa escola teria pensado em propor um curso desses. Aonde vamos parar?". Por vezes identificamos a chamada metáfora ou linguagem do "círculo interno": "As pessoas da Rua Pioneer não têm mais voz dentro dessa igreja". (Rua Pioneer é o endereço da igreja, mas serve também como rótulo para identificar a primeira geração de membros dessa mesma igreja). Às vezes aparece de modo explícito e mobilizado: "A própria sobrevivência da comunidade Hmong está sob ameaça por causa das ações desse delegado de polícia". Em todos os casos, atente às preocupações por trás da voz. Trata-se de um apelo que fala de um sentido de ser, da identidade e do modo como o relacionamento está sendo vivenciado e definido. É um apelo que busca levar o discurso sobre o conteúdo do conflito até o cerne dele. Não se pode tocar o epicentro sem escutar essa voz. O primeiro passo é prestar atenção à voz da identidade.

Em segundo lugar, aproxime-se dos apelos à identidade ao invés de se afastar deles. Reconheça que o conflito exige de nós que abordemos nossas visões acerca de identidade e relacionamento. Isto não substitui o processo que precisa ser planejado para abordar as questões e conteúdos específicos que fizeram eclodir o conflito. Os dois processos são necessários. Gerar soluções para problemas específicos é algo que pode aliviar temporariamente a ansiedade, mas que raramente trata de maneira direta as preocupações identitárias e relacionais mais profundas.

Os processos concebidos para explorar essas questões mais profundas devem ter como objetivo a criação de espaços para trocas e diálogo, e não a meta de criar uma solução negociada imediata. Além disso, ao trabalhar com preocupações de natureza identitária, é importante não partir do pressuposto de que o trabalho é basicamente o de trocas diretas entre identidades diferentes. Muitas vezes a parte mais crítica do processo é justamente o cultivo de espaços internos individuais ou intragrupais onde poderá se desenrolar uma reflexão segura e profunda sobre a natureza da situação e as responsabilidades, esperanças e medos que a acompanham. Pode ser contraproducente e até destrutivo forçar inadequadamente uma troca entre identidades distintas sem a devida estrutura de preparação e um apoio compatível. Para esse trabalho com identidades posso sugerir três princípios norteadores que devem caracterizar todo o processo: *honestidade, aprendizado reiterativo* e *trocas apropriadas*.

A honestidade jamais pode ser forçada. Contudo, podemos trabalhar para criar um processo e espaços onde as pessoas se sintam suficientemente seguras para serem honestas, consigo mesmas e com os outros, ao falarem sobre medos e esperanças, dores e responsabilidades. Ciclos e episódios de escalada do conflito criam e reforçam um ambiente de insegurança que ameaça a identidade. Por sua vez, estas ameaças à identidade criam uma tendência à autoproteção, característica que, embora não sendo inimiga da honestidade, tende a diminuir a franqueza na reflexão sobre si próprio. Vejo clara e honestamente o que está errado em *você*. Não vejo clara nem honestamente *minha própria* responsabilidade. A honestidade profunda vem de mãos dadas com a segurança e a confiança. Dê atenção constante ao modo como os processos estão acontecendo, e assegure-se de que constituem espaços marcados por essas características.

A expressão "aprendizado reiterativo" sugere a ideia de algo que revolve. Reiterar é repetir. Exige rodadas de interação. E isto é ainda mais verdadeiro quando se trata de questões de identidade.

"Quem sou eu?" e "Quem somos nós?" são perguntas fundamentais para compreender a vida e a comunidade. Mas falar com profundidade sobre o ser, o grupo e os relacionamentos nunca é fácil ou simples. A compreensão e a definição da identidade é algo que requer rodadas de interação e de ação interior. O desenvolvimento, negociação e definição da identidade pedem um processo de interação com os outros e também de reflexão interna sobre si mesmo. Toda essa empreitada é um processo de aprendizado. E o ritmo do aprendizado pode variar muito de uma pessoa para outra. Isto é importante porque devemos reconhecer que o trabalho identitário não é um processo de tomada de decisão que acontece de uma só vez. É um processo de aprendizado reiterativo que acontece no relacionamento com os outros.

> Procure nunca descartar ou desconversar a percepção de alguém. Em vez disso, tente entender onde estão as raízes dessa percepção.

Portanto, aqueles que oferecem assistência ou facilitam processos de transformação precisam criar modos de oferecer fóruns múltiplos para tratar da questão identitária.

Com frequência pensamos nessa intervenção como um evento único, que trata da questão da identidade e depois termina. Na verdade, é melhor ver o processo como uma plataforma que permite um aprendizado contínuo a respeito de si e dos outros enquanto, ao mesmo tempo, busca decisões para problemas específicos que simbolizam as negociações mais profundas em torno da identidade. Eis porque, por exemplo, a transformação de conflitos vê a disputa por causa de uma manifestação em Belfast ou Portadown, na Irlanda do Norte, como simultaneamente uma questão que exige decisões específicas relacionadas àquele episódio, e também uma plataforma iterativa para explorar e moldar as identidades de pessoas que cresceram juntas e partilham os mesmos horizontes geográficos. Pode-se usar a questão episódica como oportunidade para explorar a identidade, mas não se pode usar o tempo e escopo limitados do processo de tomada de decisão sobre o problema específico como mecanismo adequado para tratar os problemas de identidade.

Ao buscar formas apropriadas de interação ou troca, é fácil cair numa abordagem muito técnica de diálogo e partir do pressuposto de que ele só pode acontecer através de um processo direto, presencial. Com o termo "trocas apropriadas" quero sugerir que há muitas formas de aprender e aprofundar a compreensão sobre identidade e relações. Não precisamos cair na armadilha de um excesso de métodos que veem o "diálogo enquanto conversa" como único caminho para o entendimento. No trabalho com identidade profunda muitas vezes vale o oposto. As trocas apropriadas poderão incluir o diálogo através da música, da arte, dos rituais, dos esportes, do divertimento e do riso, e também o diálogo enquanto trabalho partilhado para preservar antigos centros urbanos ou parques. Todos estes canais podem constituir vias de aprendizado e compreensão muito mais frutíferas do que as conversações jamais poderiam oferecer. A chave para esta quinta habilidade é reconhecer as oportunidades e projetar processos inovadores e criativos de reação.

Por fim, precisamos estar atentos às percepções que as pessoas têm das ligações entre a identidade e o poder, os sistemas e estruturas que organizam e governam seus relacionamentos. Isto é especialmente importante quando as pessoas sentem que sua identidade passou por um processo de erosão ao longo da história, foi marginalizada, ou está sob grave ameaça. Neste caso, os processos de mudança devem abordar o modo como os relacionamentos estruturais simbolizam e representam essas percepções. E a chave para isso é tentar nunca descartar ou desconversar as percepções de alguém. Ao contrário, deve-se tentar compreender em que está enraizada aquela percepção. Sugerimos nunca propor ou remendar configurações estruturais a fim de evitar essas percepções profundas. Ao lidar com problemas de identidade, incentive os participantes a serem honestos ao contemplarem e tratarem de mudanças sistêmicas necessárias para assegurar-lhes respeito e acesso às estruturas de poder.

A maioria de nós não possui essas habilidades naturais. Portanto, desenvolvê-las exige comprometimento e disciplina. Quando adquiridas, essas habilidades potencializam nossa capacidade de pensar e reagir ao conflito de modo transformativo.

9

APLICAR A ESTRUTURA

Estou sentado numa lanchonete na cidade onde moro, no Colorado, Estados Unidos. Perto de mim há várias pessoas discutindo animada e até acaloradamente sobre uma controvérsia que vem surgindo a respeito da polícia local. Nos últimos dois meses o jornal local publicou um monte de cartas ao editor lamentando as recentes ações policiais. A polícia parece estar convencida de que deve dar prioridade às infrações por excesso de velocidade e por passar sinais vermelhos. Na mesa ao lado as vozes se elevam e uma pessoa dá os detalhes sobre sua recente experiência de receber uma multa por excesso de velocidade. Ela explica que dirige há 20 anos sem nunca ter sido parada por um guarda, e entende que os recentes acontecimentos são um plano para encher os cofres públicos. Conclui seu pensamento lamentando a perda da cidadania numa cidade que costumava ser amigável. Há poucas semanas atrás houve uma marcha de protesto na rua principal, seguida de um fórum público com a finalidade de ventilar as queixas e decidir os próximos passos a tomar.

Essa não é a primeira vez que surgem controvérsias em torno de ações policiais. Há quatro anos a queixa principal nos jornais era que a polícia demorava demais a atender pedidos de socorro, especialmente numa região onde pessoas de fora da cidade estavam fazendo fogueiras em local proibido. No ano passado, o editorial trazia à tona questões mais amplas de problemas com os quadros da polícia e o que deveria ou não ser feito sobre uma recente exoneração. Ouvi então o comentário de alguém a favor da polícia: "Alguns dizem que eles andam muito devagar, alguns que se preocupam demais com velocidade, mas eles devem ter razões para isso". Essa observação não foi muito bem recebida pela pessoa que tinha acabado de levar uma multa.

Nessas histórias contadas na lanchonete, nas palavras de ordem da marcha de protesto e nas cartas ao editor podemos identificar os elementos discutidos nos capítulos precedentes. Como seria vista esta controvérsia pela abordagem transformativa? Qual seria a configuração de uma plataforma para transformação de conflitos que respondesse a tal situação? Imaginemos, no escopo desta série de livros *Da Reflexão à Ação*, o que nossas lentes perceberiam e sugeririam:

1. O que as lentes focalizam?

As lentes do episódio sugerem:
- Uma estrutura temporal recente – os últimos meses – viu a escalada da controvérsia, o aumento da atenção e da tensão da população em relação à polícia, uma situação que precisa ser questionada.
- O conteúdo aborda tipos específicos de ação e comportamento. Nesse episódio, trata-se de multas por excesso de velocidade e o padrão adotado a fim de deter o comportamento de certas pessoas.
- O atrito relacional surge pelo modo como os indivíduos foram tratados quando parados pela polícia.

As lentes do epicentro sugerem:
- Essa não é a primeira controvérsia entre a comunidade e a polícia. Há um padrão de episódios reiterados em torno de questões diferentes.
- Os padrões relacionais se expressam pela forma como indivíduos e polícia têm interagido ao longo do tempo.
- Os padrões estruturais se evidenciam no modo como a comunidade vê o papel, as responsabilidades e expectativas da polícia, e como a polícia e as autoridades municipais veem a responsabilidade de oferecer segurança.
- As questões identitárias se mostram no modo como os cidadãos, representantes municipais e a polícia veem a cidade, o tipo de cidade que cada qual deseja, e como o policiamento se coaduna com a imagem de quem éramos no passado e quem queremos ser no futuro.
- A interdependência e os padrões de poder embutidos nos relacionamentos estão visíveis nas expectativas e frustrações, medos e esperanças quanto ao modo como os cidadãos e as estruturas governamentais se relacionam, tomam decisões e incluem (ou excluem) os cidadãos de decisões que afetam suas vidas.

2. Que perguntas surgem a partir daquilo que vemos por estas lentes?
O episódio sugere:
- Podemos fazer alguma coisa a respeito do número aparentemente elevado de ações policiais por excesso de velocidade?
- É possível melhorarmos o modo como a polícia trata os cidadãos ao pará-los?
- Podemos chegar a um acordo sobre quais são as responsabilidades do cidadão quanto à segurança ao volante numa cidade pequena com muitos pedestres?

- Compreendemos a diretriz de segurança determinada pela lei, e que a polícia ajuda a manter e tem a responsabilidade última de aplicar?

O epicentro sugere:
- Podemos discutir e desenvolver uma carta de direitos e responsabilidades, da polícia local e dos cidadãos dirigida a ambas as partes, que previna abusos e promova a segurança?
- É possível criar uma visão de longo prazo quanto às necessidades de nossa cidade em termos de policiamento? Qual deveria ser o papel e a missão do departamento de polícia? Em que medida ele é sensível ao tipo de cidade que queremos ser e às necessidades que temos?
- Podemos estabelecer um mecanismo que promova a voz dos cidadãos nas questões que surgirem e que ofereça uma via rotineira e regular de interação construtiva entre polícia e população?

A proposição do dilema coloca:
- Como abordar a questão do excesso de velocidade e outras infrações de trânsito e ao mesmo tempo criar processos que facilitem o desenvolvimento de uma visão comum para o policiamento comunitário?
- Como atender as necessidades de segurança da cidade e, ao mesmo tempo, oferecer mecanismos para abordar deveres e responsabilidades dos cidadãos e da polícia que se coadunem com as expectativas e necessidades dos cidadãos locais, da polícia e das autoridades municipais?

3. *O que sugeriria uma plataforma transformativa?*
   a. O episódio criou energia para fazer algo por um grupo mais amplo de cidadãos. Tornou-se uma oportunidade para explorar o potencial de algo benéfico para a comunidade inteira. Portanto, não devemos focalizar exclusivamente a questão mais premente, mas olhar para trás a fim de ver os padrões dos últimos 5, 10 ou 20 anos. Devemos permitir que o conflito se torne uma janela para o contexto relacional que serve de pano de fundo para essa comunidade, e somente então voltar a contemplar o desenho de processos de mudança.
   b. Queremos processos que sejam uma resposta tanto à situação imediata como ao projeto de longo prazo. As questões na pauta do dia são uma boa janela através da qual se pode ver a natureza dos padrões reiterados. Elas sugerem algumas vias para aquilo que pode ser útil no futuro. Imaginemos processos múltiplos, cada qual com uma exigência em termos de estrutura temporal, mas que estejam ligados entre si.
      I. Um fórum comunitário, com a presença de um facilitador, para ventilar queixas e esclarecer quais são as necessidades e soluções imediatas.
      II. Um fórum comunitário, com a presença de um facilitador, para falar sobre expectativas quanto ao policiamento da comunidade.
      III. Uma iniciativa que promova trocas regulares e *feedback* de informações entre polícia e cidadãos.
      IV. Uma iniciativa que desenvolva um plano estratégico de longo prazo, com a presença de um facilitador, envolvendo cidadãos, polícia e autoridades governamentais, a fim de estabelecer e redigir a missão e valores da polícia.

V. Um plano para iniciar um painel consultivo polícia-
-cidadãos que crie canais específicos para que cidadãos e polícia possam consultar-se mutuamente e
trocar preocupações, esperanças e temores.

É importante notar que, embora tenham sido concebidas
e lançadas simultaneamente, cada uma dessas medidas exige
diferentes estruturas de apoio e de tempo para seu funcio-
namento. Algumas poderão ser um evento único, outras são
processos contínuos, e outras ainda se tornarão estruturas e
recursos comunitários. É bom lembrar que estamos tratando
de processos de mudança e recursos que facilitam mudanças
construtivas.

c. Ao propor o processo de resposta à situação imediata,
reflita se não é possível construir um novo mecanismo
contínuo de resposta aos problemas de policiamento.
Por exemplo, um grupo consultivo ou facilitador, como
aquele proposto acima, pode inicialmente servir como
caminho para trabalhar o processo mais urgente, mas
pode também tornar-se um mecanismo de facilitação
para questões de longo prazo. A ideia é esta: em vista
dos padrões do passado, pode-se esperar que novos
episódios aconteçam no futuro. Será possível criar
algo que nos permita estar preparados a reagir mais
construtivamente? De fato, um mecanismo desse tipo
se tornaria um novo espaço social, uma estrutura que
precisa ser formada por pessoas com visões diferentes entre si, pessoas que vêm de diversos setores da
comunidade. Seria bom que começasse informalmente
e depois assumisse um papel mais formal caso provasse
ser útil. Se funcionar bem ao longo do tempo, acabará

se tornando uma plataforma duradoura de resposta a situações emergentes, com funções de prevenção e facilitação. d. O plano deve incluir um fórum para discutir as questões na pauta do dia, e ter também a capacidade de reflexão continuada. Contudo, o processo não deve se basear exclusivamente na "conversa" como mecanismo de diálogo. É preciso considerar seriamente processos e eventos comunitários e iniciativas comuns que possam oferecer uma interação positiva entre polícia e comunidade, de modo natural, algo que possa ser construído ao longo dos próximos anos.

Mas o que aconteceu na situação da vida real? A história nessa comunidade não acabou ainda. Nunca acaba. Mas algumas características interessantes foram construídas. Realizaram-se vários fóruns ótimos e debates comunitários com facilitação. Algumas pessoas da polícia, cheias de iniciativa, e um grupo de cidadãos empenhados fizeram a ponte com o "outro lado" de modo edificante. Parece estar surgindo um painel consultivo sobre policiamento, que começa a tomar forma mais definida. Estes sinais sugerem que talvez o episódio tenha criado uma janela para o epicentro. Iniciou-se a implementação de soluções para os problemas imediatos, e pode ser que já estejam em andamento mudanças nos padrões relacionais e identitários. Consultem-me daqui a cinco anos. Nesse meio tempo, talvez vocês queiram experimentar essas lentes, questões e plataformas nas suas comunidades.

10

CONCLUSÕES

As lentes da transformação de conflitos levantam questões para participantes e profissionais, questões que enfatizam o potencial de mudança construtiva inerente ao conflito. Estas lentes podem ser aplicadas a muitos tipos de conflito – o potencial para mudanças desejadas está latente em qualquer episódio de conflito, do nível pessoal ao estrutural. O desafio que se coloca ao profissional é o de avaliar se as circunstâncias merecem o investimento de planejar uma reação transformativa a uma dada situação. A principal vantagem desta estrutura é sua capacidade de considerar múltiplas vias de resposta. Esbocei acima a ideia de que a transformação se constrói a partir das abordagens de resolução de conflitos, integrando suas contribuições e qualidades. Mas a resolução de conflitos não integra necessariamente o potencial transformativo do conflito. Em outras palavras, pode-se usar uma abordagem transformativa e chegar à conclusão de que a coisa mais apropriada a fazer é dar uma solução rápida e direta ao problema, e pronto. Mas a resolução de conflitos em sua definição mais estrita não leva automaticamente aos questionamentos que servirão de gatilho para o potencial de mudanças mais amplas.

 É evidente que uma abordagem transformativa é mais apropriada em algumas situações do que em outras. Há muitos conflitos e contendas em que uma abordagem simples de resolução, como a resolução de problemas ou a negociação, faz muito mais sentido. Disputas que pedem uma solução rápida e definitiva para o problema – onde os oponentes têm pouco ou nenhum relacionamento antes, durante ou depois do episódio – são claramente situações onde a exploração de padrões relacionais e estruturais têm valor limitado. Por exemplo, um evento isolado de pendência comercial quanto a pagamento entre duas pessoas que mal se conhecem e que nunca mais terão contato não é um caso para aplicação da abordagem transformativa. Se fosse aplicada, na melhor das hipóteses o foco teria que ser nos padrões que levaram essas pessoas individualmente a esse episódio, e na possibilidade do mesmo tipo de episódio se repetir com outros parceiros comerciais.

> A estreiteza das abordagens de resolução pode resolver problemas, mas acaba por desperdiçar o grande potencial de mudanças construtivas.

Por outro lado, nos casos em que existem relacionamentos passados e um histórico significativo em comum, em que haverá relacionamentos futuros importantes, em que os episódios surgem num contexto mais amplo (organizacional, comunitário, social) – nesses casos o foco estreito das abordagens resolutivas poderá solucionar problemas, mas acaba por desperdiçar o grande potencial de mudanças construtivas. Isto é especialmente importante nos contextos onde estão presentes ciclos reiterados e profundamente arraigados de episódios de conflito que criaram padrões destrutivos e violentos. Da perspectiva da transformação de conflitos, estas são situações em que o potencial para mudanças sempre pode ser explorado. No entanto, em qualquer situação, a decisão de explorar todas as vias de mudança deve ser avaliada e pesada. Nossa família não mergulha num processo de transformação profunda cada vez que surge uma briga por causa da louça suja. Mas de tempos em tempos, de fato, surgem episódios que criam as circunstâncias para reflexões mais profundas sobre nossos padrões e estruturas de relacionamento e nossa identidade enquanto indivíduos e família. A louça suja sempre oferece esse potencial. Nem sempre o exploramos. Mas se e quando quisermos explorá-lo, esse potencial só pode ser aberto se tivermos uma estrutura que nos leve ao questionamento, ofereça lentes para ver o que está acontecendo e ferramentas que nos ajudem a pensar mudanças construtivas. É justamente essa estrutura o que a transformação de conflitos oferece.

Talvez o mais importante seja que a transformação de conflitos coloca diante de nós as grandes questões: Para onde estamos indo? Por que nos dedicamos a este trabalho? Em que podemos contribuir e o que gostaríamos de construir? Estou convencido de que a grande maioria dos profissionais que escolheu trabalhar com conflitos o fez pelo desejo de promover mudanças sociais. Acredito que boa parte das comunidades que se empenharam em buscar vias construtivas para tratar de conflitos também estavam interessadas em melhorar a vida das pessoas, e não apenas em manter o *status quo*. Todos esses profissionais querem mudar a forma como as sociedades humanas reagem ao conflito. A mudança que esses profissionais e comunidades desejam é sair de padrões violentos e destrutivos e caminhar na direção de competências criativas, capazes de reações sensíveis, edificantes e não violentas.

Eu sou um profissional desse tipo, e talvez meu viés me leve a ver o que eu gostaria de enxergar. Vejo que a comunidade humana, local e globalmente, está no limiar de uma mudança histórica em que os padrões de violência e coerção serão substituídos por respeito, solução criativa de problemas, capacidade de diálogo individual e social e sistemas não violentos para oferecer segurança humana e mudanças sociais. Isto exigirá uma complexa teia de processos de mudança, orientados por uma compreensão transformativa da vida e dos relacionamentos. Este é o meu desafio e minha esperança para a transformação de conflitos.

Que o calor da complexidade ilumine nossa face.
Que os ventos da boa mudança soprem suaves e nos levem adiante.
Que nossos pés encontrem o caminho da autenticidade.
Que comece a ser urdida a teia da mudança!

NOTAS

1. As novas ciências são os desenvolvimentos da física, biologia e ecologia que na segunda metade do século 20 produziram as teorias quântica e do caos, entre outras. Veja Margaret Wheatley e sua discussão desse tema em relação às organizações aprendentes em *Leadership and the New Sciences*. San Francisco, California: Barrett-Koehler Publishers, 1994. p. 16.

2. Ibid.

3. Veja Hocker e Wilmor e sua discussão de conteúdo e relacionamento em *Interpersonal Conflict*, ou Edwin Friedman e sua reflexão sobre ansiedade, processos emocionais e conteúdo sintomático em *Generation: Family Process in Church and Synagogue*.

LEITURAS SELECIONADAS

Bush, Baruch e J. Folger. *The Promise of Mediation: Responding to Conflict Through Empowerment and Recognition.* San Francisco: Jossey-Bass, 1994.

Curle, Adam. *Another Way: Positive Response to Contemporary Violence.* Oxford: Jon Carpenter Publishing, 1995.

Friedman, Edwin. *Generation to Generation: Family Process in Church and Synagogue.* New York: Guilford Press, 1985.

Hocker, Joyce e William Wilmot. *Interpersonal Conflict.* Dubuque: Brown and Benchmark, 2000.

Kriesberg, Louis. *Constructive Conflicts: From Escalation to Resolution.* New York: Rowman and Littlefield Publishers, 2003.

Mayer, Bernard. *The Dynamics of Conflict Resolution: A Practitioner's Guide.* San Francisco: Jossey-Bass, 1997.

Rothman, Jay. *Resolving Identity-Based Conflicts in Nations, Organizations and Communities.* San Francisco: Jossey-Bass, 1997.

Ury, William. *The Third Side: Why we fight and how we can stop.* New York: Penguin, 2000.

Wehr, Paul e Heidi e Guy Burgess. *Justice Without Violence.* Boulder: Lynne Riener, 1994.

Wheatley, Margaret. *Leadership and the New Science: Learning about organization from an orderly universe.* San Francisco: Berrett-Koehler, 1994.

Outros Livros de John Paul Lederach sobre o Tema

A Imaginação Moral. São Paulo: Palas Athena Editora, 2011.

Preparing for Peace: Conflict Transformation Across Cultures. Syracuse, NY: Syracuse University Press, 1995.

Building Peace: Sustainable Reconciliation in Divided Societies. Washington, DC: U.S. Institute of Peace Press, 1997.

The Journey toward Reconciliation. Harrisonburg, Vírginia: Herald Press, 1999.

From the Ground Up: Mennonite Contributions to International Peacebuilding, editado juntamente com Cynthia Sampson. New York: Oxford University Press, 2000.

Into the Eye of the Storm: A Handbook of International Peacebuilding. San Francisco: Jossey-Bass, 2002.